SARAH MARQUIS

DÉSERTS D'ALTITUDE

Du Chili au Machu Picchu

8 mois à pied sur la cordillère des Andes

Illustrations de Janis Lachat

Michel LAFON

DU MÊME AUTEUR

L'Aventurière des sables
14 000 km à pied à travers les déserts australiens
Éditions du Roc, 2004

L'Extraordinaire Destin de D'Joe
Le chien australien de l'aventurière Sarah Marquis
Éditions Eucalype, 2009

Sauvage par nature
De Sibérie en Australie, 3 ans de marche extrême en solitaire
Éditions Michel Lafon, 2014

Se sentir connecté au TOUT,
n'est-ce pas là le but ultime ?

De Los Andes
au
Machu Picchu

Itinéraire

Pérou
LIMA
MACHU PICCHU
Arrivée
CUZCO
Bolivie
LAC TITICACA
ARICA
Salar de Uyuni
Océan Pacifique
SAN PEDRO DE ATACAMA
Désert de Atacama
ANTOFAGASTA
LA SERENA
Argentine
LOS ANDES
SANTIAGO
Départ
Chili

Avant-propos

Le silence est là. Mes yeux sont rivés sur mon ordinateur. Une petite truffe mouillée vient me distraire de temps en temps en poussant avec insistance mon bras : d'Joe est heureux de me sentir là à ses côtés.

Si je lève la tête, une porte d'entrée vitrée me laisse découvrir un grand pin qui escorte le visiteur cheminant jusqu'à la sortie sur les dalles de granite. Ce petit nid d'aigle posé sur un rocher, seul, isolé des autres mayens, ressemble bien à une retraite de montagne. Mes moments d'intimité se passent sur le balcon, assise, une tasse de thé brûlante à la main, à me laisser séduire ou hypnotiser par les montagnes massives et blanches d'en face. Le fond de la vallée me sépare d'elles, c'est là où vivent les Bagnards… Ne pas s'y méprendre : ce sont les habitants du val de Bagnes. Selon la saison, le soleil décide ou non de les gratifier de sa présence.

On est en Suisse romande, Valais, val de Bagnes, dans un mayen de 1831 fait de bois.

Je m'applique à me souvenir, je ferme les yeux et me retrouve très loin, assise par terre, adossée à une grande pierre au milieu des cactus…

Je souris. Cela m'amuse parce que, aujourd'hui, je sais ce que va être la suite, le parcours d'un long chemin de huit mois où j'ai caressé de mes pas le dos de cette cordillère andine en y laissant des gouttes de sueur qui, depuis, se sont transformées en cailloux, rejoignant ainsi tous les autres cailloux, signe d'un passé riche de milliers de pas, de milliers de gouttes…

Introduction

Par moments, je suis assoiffée de savoir, j'aimerais pouvoir connaître les différentes civilisations de cette planète, la physique, ou encore pouvoir déchiffrer la nature et ses mystères avec des yeux de scientifique. Ma voie a été différente, pas mieux ou moins bien, juste différente... Alors en moi sont là, enfouies, toutes ces envies, cette curiosité du monde.

Nos chemins de vie se dévoilent devant nous, mais...

Avons-nous le choix ?

Le destin a-t-il déjà posé ce tapis rouge qui s'étale devant nous au rythme de nos pas ?

Ces dernières années, j'ai compris que la simplicité est en fait d'une complexité folle, que la Terre est depuis toujours dans un cycle d'évolution constante.

Je conçois maintenant que le temps est un carrousel qui ne s'arrête jamais, que l'air est consistant, que l'eau chante et que le vent radote encore et encore.

En quelques mots, j'ai vieilli.

Je n'arrive pas à comprendre les êtres humains, les guerres, les conflits d'intérêts, le travail sans cœur, la violence…

C'est comme si je ne pouvais évoluer dans ce monde de complications. La vie est pour moi une source d'eau claire qui chantonne, peu importe son passage, son voyage… L'eau porte la vie dans ses caresses : elle est indispensable, simplement.

Je me suis rendu compte que la simplicité était une vision épurée, épluchée, effeuillée, qu'elle fait partie d'un cheminement vers l'essentiel. Tenir compte de la complexité, c'est se faufiler pour retourner à la source simple et vraie du fondement de l'existence.

Et puis, en éliminant toutes ces fioritures, que reste-t-il de ces trente-quatre ans passés sur cette Terre ?

Sans doute un kilométrage déjà dépassé, des pieds pas photographiables, des petits plis au coin des paupières et une lucidité sur la vie peu rassurante.

Mais, avant tout, des yeux qui ont vu… Ces yeux, je vous les prête le temps de ces pages pour parcourir ensemble cette cordillère andine.

Bon voyage !

Tant de sensations pour
mon dos, pour mes muscles,
cela a réveillé des souvenirs
qu'ils essayaient d'oublier...

Départ Los Andes

Départ

(15 janvier 2006. Los Andes – Chili)

Je suis assise à terre, adossée à une grande pierre au milieu des cactus. Je respire à pleins poumons. Le bruit rauque qui provient de ma poitrine me donne une idée de mon rythme cardiaque : l'effort est soutenu. Je vois la ligne de départ imaginaire que j'ai passée il y a quelques heures, prenant à témoin ce caillou au milieu de cette plaine. J'ai peu avancé en fait, mais tout cela m'importe peu. Je suis partie, enfin…

J'ai marché jusqu'au bout de la vallée, devant moi un pan de montagne se dresse, signifiant la fin d'un terrain plat ; il fait partie de ce méli-mélo de crêtes qui se rencontrent et qui s'élèvent plus haut par la suite. La montagne va choisir de renoncer à son hâle doré pour ne faire qu'un avec la neige qui va la recouvrir durant les longs mois d'hiver.

Pour l'heure je dépose lourdement mon sac à dos au sol, créant un petit remous de poussière.

Tant de sensations pour mon dos, pour mes muscles, cela a réveillé des souvenirs qu'ils essayaient d'oublier – *l'Australie, 17 mois/14 000 kilomètres à pied.*

Le corps possède une grande mémoire. Sans penser, je monte mon premier camp.

Imagination ou réalité

Je me camoufle derrière de grands cactus aux aiguilles acérées, je monte ma tente, la lumière diminue doucement, mes gestes sont indécis. Je suis semblable à une débutante, mais une chose est sûre, c'est une vraie libération d'être là, proche de la terre.

J'entends une respiration haletante derrière ma tente ; je mets en suspens la mienne, j'écoute, je me fige, et soudain, une boule de poils s'abat sur moi, me couvrant de câlins humides. Je l'ai reconnue, c'est le chien du village. Je l'ai aperçu ce matin avant mon départ, un farceur celui-là. Il décide de dormir avec moi, devant ma tente. La nuit tombe, je n'ai pas fermé la fenêtre de ma maison de toile ; elle a l'aspect d'un grand croissant vert dodu. Emmitouflée dans mon sac de couchage, je découvre avec mes yeux ignorants les hiéroglyphes célestes.

Ces images cryptées par les dieux que dévoile la nuit comme au temps du rêve, où l'association de petits points crée ces lignes qui racontent, me font penser à la vision du peuple aborigène.

La lumière s'intensifie en même temps que la nuit se noircit, je n'ai plus besoin de plisser mes paupières pour mieux voir, les étoiles sont plus nettes et plus nombreuses, il y a même de la poudre d'étoiles : la Voie lactée !

J'ouvre un œil, il m'a fallu un quart de seconde pour comprendre où j'étais. Je souris, mon cœur est comblé, me revoilà enfin sur le terrain. Cela fait deux ans que je suis rentrée de mon périple australien. Une année pour me reposer et une autre pour mettre en route *cette expédition.*

Une année de préparation a été nécessaire. Il y a eu une longue étape d'entraînement physique, un aller-retour express en Amérique du Sud avec mon frère pour acheter les cartes topographiques des pays à traverser, ainsi que pour établir des contacts qui nous seront utiles. Un mois d'entraînement sur l'île de La Réunion et le reste du temps, j'ai essayé de partager ma passion avec des partenaires potentiels.

À force de persévérance, on va réussir à boucler les deux tiers du budget. Ce jour-là on a rendez-vous à Lausanne. Au fil des rendez-vous, les détails prennent de l'importance. Mon frère est à mes côtés, on répète un peu les interventions de chacun. Notre dossier a été examiné sous tous les angles, surtout ceux des faiblesses. Je serre fort un rouleau de papier de huit mètres de long. Ma grande carte topographique est roulée soigneusement, elle est empreinte d'intrigue et d'inconnu, telle une carte aux trésors.

Comment octroyer à ce bout de papier toute sa magie ? Pour moi il est bien plus, il renferme la sueur, la joie, la liberté, il est mon rêve, je peux en deviner le relief, le contour, mais je sais que pour l'instant cette gigantesque carte topographique ne sera que le sésame pour passer du stade de projet au monde plus complexe de la réalisation. Comment ? Pourquoi ? Aucune idée, mais je sais que je marcherai sur cette cordillère.

La carte entre mes mains, je suis prête.

La porte du hall est vitrée. Nous sommes dans l'immeuble, à chercher sur les différentes plaquettes dorées accrochées au mur le nom de « Gaz naturel ». Nous sommes silencieux comme avant un grand événement.

Dans le petit tea-room du coin, deux heures plus tard, nous buvons un jus d'orange frais, en silence. Nos esprits ont du mal à emmagasiner l'information reçue.

En me remémorant l'entretien, je me souviens de la conversation qui s'est installée à propos de la présence des pingouins tapissés sur la paroi du bureau, emblème de « Gaz naturel », il y a fort longtemps. Le reste, je l'ai oublié… C'est le début d'une belle histoire de confiance, de visions sur le futur, d'instants partagés avec un partenaire présent à mes côtés. Je prendrai désormais du gaz dans mon eau... Merci.

D'autres suivront, avec une éthique partagée : Germanier, Mammuth, Raichle... et tous les partenaires de matériels techniques, ainsi que les gens qui m'ont aidée ici ou sur place. Merci à tous du fond du cœur, vous êtes indispensables à la réalisation de mes rêves.

Je sors pour un petit besoin matinal puis, comme une gamine, je m'amuse avec un nouveau jouet : mon réchaud tout neuf que je découvre pour un baptême, enfin, pas tout à fait, puisque je l'ai essayé une première fois dans une chambre d'hôtel à Santiago où j'ai presque mis le feu au rideau de douche.

Je me chauffe un thé, je suis assise par terre, j'adore cette sensation. Le fait de m'imaginer vivre comme une nomade pendant sept, huit, neuf, dix mois peut-être me fascine, je suis tout excitée. Je retrouve à nouveau ce petit animal de la forêt que je suis – écureuil par moments, puma à d'autres, ou, plus fréquemment, un oiseau discret qui contemple la vie, volant de branche en branche.

Bref je suis cette nature dans tous mes pores et actuellement je suis là, chez moi, à son contact, heureuse.

Sans me presser, je plie mon campement, m'applique de la crème solaire et me prépare à mettre mon sac au dos. J'ai du mal à le porter, 30 kilos… il me pèse.

De ce petit promontoire rocheux, je vois la vallée avec recul et hauteur, mon corps souffre ; je sais que cette douleur va s'estomper après deux semaines, mais je ne peux attendre ces deux semaines d'adaptation. Je vide le contenu de mon sac et élimine ce qui me paraît le moins utile. Je vais prendre une décision difficile : je divise la ration de nourriture par deux et garde l'eau. Pourquoi ? Eh bien les expéditions que j'ai pu faire m'ont démontré que le corps va s'adapter à l'effort, à l'altitude, à la vie au grand air, en quelques mots il va se calquer à sa nouvelle vie. Cela implique dix jours pendant lesquels il ne réclamera pas de nourriture réellement, puis la faim va apparaître pour ne plus le quitter. Je compte sur ces dix jours pour couper mes rations en deux. Pourquoi la nourriture ? Eh bien parce que le reste est déjà au minimum : les sangles de mon sac sont supprimées, les zips de mes vestes remplacés par de la ficelle, une casserole en titanium et une cuillère à soupe également en titanium, car une lutte contre le poids s'est installée il y a bien longtemps. Il est vrai que je pourrais attacher à mon sac à dos un grand ballon d'hélium, cela en allégerait le poids, ou encore demander à un âne de m'accompagner (je dois cette vision à ma maman qui, à la fin de toutes nos correspondances, dessine un petit âne depuis des années). J'ai beau retourner la question dans tous les sens : ce qui pèse, ce sont mes cartes topographiques et l'eau.

Je me concentre sur l'essentiel. Je peux rentrer à la maison voir les bouquetins brouter sur les Alpes, si je ne respecte pas le minimum du poids… Mon seul regret, un bon bouquin.

La vallée de Pedernal

Je traîne un peu, je m'arrête souvent, j'observe, tout est nouveau pour moi. J'ai mes règles.

En somme, je ne suis pas bien, et quand je dois supporter la femme que je suis, je rêve avec humour au David que ma maman attendait.

Je remonte cette vallée étroite. De chaque côté, la roche nue. Ici, c'est un vigoureux cours d'eau qui donne la vie. Le bord du ruisseau convient bien à mes pieds. Soudain, j'entends des pas : un paysan au visage buriné, bien en chair, accompagné de ses trois chiens, se trouve devant moi.

– Bonjour, vous connaissez le coin ? me demande-t-il.

– Non, mais dites-moi, ce ruisseau va m'amener jusqu'au village ?

– Hum hum. Vous allez où ?

– Au Pérou, dis-je en rigolant.

Tout en pouffant, il secoue la tête, sort d'entre ses dents un son strident destiné à rappeler ses chiens et voilà que tout ce beau monde me tourne le dos et repart.

Je traverse le petit ruisseau. Je devine vaguement quelques cabanes non loin de l'eau. Quelques minutes plus tard, je m'arrête devant l'une d'elles. Curieusement, il semble n'y avoir personne.

Première chose qui me surprend : tout est barricadé. Cette petite «casita» est peinte en vert émeraude, des poules se languissent autour de la maison, un chien de mauvaise humeur me hume à travers la barrière de fortune. Un joli petit canal de vingt centimètres de large et autant de profondeur, creusé dans le sol, passe devant la maison : c'est l'eau courante – on s'y lave, nettoie la vaisselle, les habits, avant que le canal aille irriguer le voisin. Le long de cette canalisation semi-naturelle, une bande d'herbe verdoyante surprend le regard. Le reste n'est que poussière et désolation jaunâtre… On se trouve en campagne avec une vie apparemment simple, les gens ne sont étonnamment pas de type indien comme je me l'étais imaginé, non, ils sont du genre hispanique, avec quelques traits de leurs ancêtres.

Depuis deux jours, je ne suis plus seule, je croise sur cet étroit sentier bien du monde.

Ils marchent beaucoup, accompagnés d'une mule ou deux pour les plus riches, effrayés par ma présence ; je ne peux converser avec eux. Je salue alors, avec un large sourire, et mon envie de communiquer. Mais lorsqu'il s'agit d'avoir un peu d'intimité, c'est inimaginable comme il peut y avoir, à ces moments-là, toujours une personne qui sort de nulle part. Cela fait plusieurs fois que je me cache derrière un buisson dans le seul but de changer mes petites affaires intimes, et à chaque fois on me dérange. Le temps s'écoule, cela devient urgent. Je me camoufle derrière un buisson, bien décidée à rendre mon opération la plus rapide possible. J'ai préparé le matériel de remplacement à mes côtés. Je regarde encore à gauche et à droite, rien, personne, O.K. c'est parti… Au moment de remplacer l'ancien par le neuf, des dizaines de sifflets me parviennent aux oreilles. Surtout ne pas me retourner, faire vite ; je termine mon opération, puis je referme le parapluie couleur sable que je n'ai pas omis d'emporter avec moi, et qui m'a rendue invisible un instant.

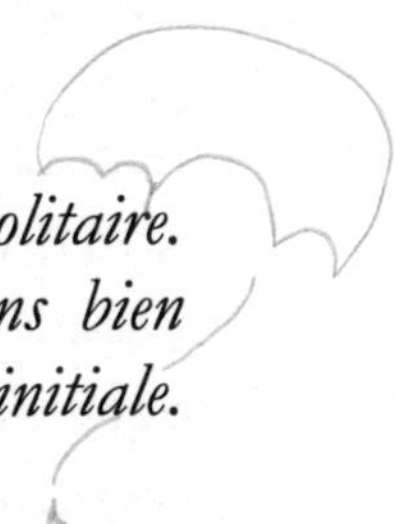

Ce parapluie, c'est le secret du marcheur solitaire. Il va, au fil des années, me sortir de situations bien différentes de celles à quoi le destinait sa fonction initiale.

Je me retourne et lève les yeux, découvrant à même la pente un gigantesque camion-benne rempli d'une cinquantaine de jeunes gens. Il remonte par un chemin zigzaguant dans la roche. J'entends les vitesses qui craquent et le bruit sourd du moteur qui travaille dur. Le convoi se rend certainement dans une mine sur le sommet de cette montagne. Je sors ma carte et trouve en un clin d'œil le positionnement de cette mine.

Je pose mon baluchon pour la nuit, proche de l'eau sur une micro-plage de cailloux, je creuse un trou dans le sol, juxtapose des galets tout autour et allume le feu avec un bois bien sec que j'ai déniché sur la rive. Alors, le temps s'arrête. La lumière meurt à l'ouest. Je regarde cuire mon repas du soir. Les flammes lèchent ma casserole. J'entends l'eau qui chuchote. L'odeur piquante d'algues douteuses et gluantes me dérange. Soudain, comme au sortir d'une séance d'hypnose, je reprends mes esprits et, machinalement, je remue le contenu de ma casserole.

Le feu

Le feu est important, indispensable. Il est d'une beauté flamboyante. Lorsqu'une personne se retrouve près d'un feu, celui-ci est tellement saisissant qu'elle subit son magnétisme : elle le regardera évoluer sans penser, tel un héron qui attend sa proie depuis des heures. Être là, au rythme du temps, à le contempler… Il opère sur l'âme, rassure, et pour souder cette magie, on lui ouvre son cœur qu'il ne manque pas de réchauffer aussi.

Départ

Toute chose qui vit, étant née, est capable de combustion et brûle à l'approche du feu. Et tu vois que le feu ne choisit point sa nourriture, mais tout lui est bon, ordures ou bois, fleurs et fruits, poils et graisses. Mais l'homme immortel est susceptible d'une flamme inextinguible, en laquelle tout entier, il se consomme en se consumant.

Paul Claudel

L'air est juste piquant, agréable comme il peut l'être un matin d'été. Les oiseaux commencent à se réveiller, quant au gigantesque rocher de la berge, les pieds dans l'eau, sa peau dénudée brun orangé de la veille m'apparaît bleutée ce matin : il impose un chemin à son complice le ruisseau. La nature est douce, encore ensommeillée, alors que je me glisse, sans un bruit, dans l'aube. Je quitte mon guide le ruisseau pour instinctivement suivre le sentier imaginaire que j'ai tracé sur ma carte topographique là où la montagne est le plus accueillante. Sur mon passage, j'aperçois un petit regroupement. Comme une voleuse, le pas léger, je traverse ce hameau où aucun feu ne crépite encore, dépasse une à une ces maisonnettes où les chiens me regardent timidement, sans bouger, en gardant leur position recroquevillée, le nez camouflé dans les poils de la queue. Ils sont encore un peu glauques, comme la cinquantaine d'habitants d'ici. Le sol n'est que poussière, les arbres sont inexistants, mais devant chaque demeure un banc de fortune est installé et c'est sans peine que j'imagine les petites vieilles assises à contempler le rien, durant toute la journée.

Un mouvement, à quelques mètres de là, me fait sortir de mes pensées. C'est un vieux monsieur, très âgé, qui enjambe un muret de pierre ; il m'aperçoit et change soudain de direction. Je lui crie :

– *Buenos días.*

Rien, aucune réaction de sa part ; d'un pas régulier il m'évite, j'accélère alors pour bientôt atteindre sa hauteur. Il s'arrête, son visage est aussi ridé que les courbes régulières annonçant l'altitude sur ma carte. Il a une expression de peur sur son visage. Je pose mon sac à dos et m'approche de lui. Il a un mouvement de recul. Pas très grand – il mesure un mètre quarante-cinq peut-être –, il me fait penser à un petit elfe. Son visage est à dominance indienne. Je souris encore et doucement je me rapproche, il pose alors son baluchon (c'est un carré de tissu noué sur le devant comme ses ancêtres le faisaient).

J'y jette un coup d'œil discret, ce sont des branches sèches qu'il est certainement allé chercher à la rivière, le seul endroit où j'ai pu voir des arbres. Il semble rassuré, le mot « femme » s'est échappé d'entre ses quelques dents restantes : il est surpris puis amusé. Je lui réponds par un sourire, mon espagnol n'est pas fameux.

J'ai eu l'idée de prendre des cours avant de venir, mais le temps est allé plus vite que moi, me prenant de vitesse. Au total j'ai suivi en privé quatre leçons, mais lorsque je suis arrivée à Santiago du Chili trois semaines avant mon départ, j'ai passé mes journées avec mon dictionnaire à poser des questions à toutes les personnes que je pouvais côtoyer, je me suis conditionnée à penser, à respirer, à manger et écouter en espagnol.

Aujourd'hui je comprends beaucoup, me trompe énormément mais peu importe puisque je vais m'améliorer au fil de mes rencontres.

Je lui montre ma carte, lui demande s'il y a un sentier, il se retourne timidement en baissant les yeux, j'en déduis qu'il ne sait pas lire. Je change rapidement de tactique, et lui indique le passage que j'ai envisagé avec l'index, des gestes qui lui parlent. Il comprend et me fait cadeau d'un sourire merveilleux avec des petits yeux pétillants. Il est pris alors d'une énergie insoupçonnée et c'est naturellement que les mots prennent vie entre ses lèvres. Il parle avec son cœur, ses mains ridées et petites commencent à s'agiter, des mots aymaras chevauchent les termes espagnols, un peu comme un mélange. Tout comme ses origines – deux cultures, dont une seule lui a été imposée.

Je déchiffre quelques mots. Je suis tout excitée ! Peut-être me raconte-t-il une légende ? Ou l'emplacement d'un temple inca inconnu ou encore une banale histoire de village ? Il me fait plaisir, me fascine, sa gestuelle est gracieuse, douce. Je feins de comprendre, je lui souris. Je suis contente de partager ce moment avec lui, mais le temps passe et il finit par me dire :

– Le passage est au bas de la maison de la femme seule.

Il me montre d'un geste rapide et d'un coup de tête la direction à prendre. En signe de remerciement, je serre sa main calleuse. Il est beau et vrai, il a des étoiles dans les yeux.

200 chèvres et une bergère

Sur ma gauche, le lit asséché d'un petit ruisselet me sert de guide. Tout en progressant à un rythme régulier et monotone, je l'imagine débordant de partout, sautillant, s'infiltrant jusqu'aux plus petites ridules de la terre qu'il explore en noyant celles-ci de son liquide créateur.

Ce petit sentier semble être emprunté fréquemment : le sol, par endroits sablonneux, laisse apparaître un mélange d'empreintes. Je repère une forte odeur dans l'air. Au fil de la progression, mon nez se dilate en humant ces effluves qui semblent s'agripper. Tout est rocailleux, les pierres sont blanches, aux angles irréguliers et à l'allure coupante.

Le soleil commence à se faire insistant. Sur ma gauche la pente ouest est abrupte, une pincée d'arbres essayent de s'étirer comme s'ils sortaient d'un sommeil réparateur.

Il n'y a apparemment personne. Je m'approche de la bâtisse principale. Ce n'est guère plus qu'un ramassis de planches assemblées maladroitement ; en me penchant discrètement, je devine un foyer encore fumant à l'intérieur. Soudain, je sursaute, me redresse ! J'ai senti quelque chose me frôler la jambe. C'est alors que j'ai rencontré le gardien de ces lieux. Silencieux, farceur, chien à ses heures, son pelage est un mélange de noir, gris et crème, voire caramel. Ses yeux sont rieurs, implorant un câlin, ce que je m'empresse de faire, puis, naturellement, il me conduit non loin de là, vers sa maîtresse.

Avant de la voir, j'entends une voix de femme sortir de derrière un enclos.

– Il ne vous a rien fait j'espère ?

– Lui ! Oh non, c'est un amour de chien.

– Quelquefois il mordille un peu les visiteurs, vous savez, je vis seule ici, alors…

Elle est accroupie au beau milieu d'un troupeau de deux cents chèvres. Son visage est posé contre la cuisse d'une blanche et noire et tout en bavardant ses mains ne cesseront de vaquer à leur occupation initiale.

Je la trouve impressionnante, avec ses habits trop grands, sa voix basse, rauque. Elle dégage une énergie qui paraît être inépuisable. Elle m'explique alors que ces « chicas » doivent être traites au plus vite.

– Ça leur fait mal, de rester pleines, hurle-t-elle tout en transférant le lait qu'elle vient d'extraire.

Nous papotons, comme si j'étais une voisine ou une amie. Pendant ce temps, ses mains ne cessent de faire des va-et-vient, de temps en temps elle relève la tête, me regarde avec ses yeux noirs par-dessous son chapeau. Ses gestes sont précis, elle libère comme par magie ce liquide blanchâtre retombant par alternance dans un seau presque plein à nouveau. Une tresse noire, luisante, se balance sur ses reins.

Je n'aurais jamais pensé que l'odeur de ces petites bêtes à cornes était si prenante. C'est presque insupportable et naturellement, d'un revers de la main, j'expulse l'air qui me chatouille l'estomac.

Une fois libérées, les tétines légères, ces chèvres s'en vont vers l'ouest grimper entre ces caillasses pour ne revenir qu'à la tombée de la nuit, le ventre plein. D'un coup de sifflet strident, la bergère les appelle au rassemblement de fin de journée. Elles arrivent alors de partout, comme une nuée déferlante, attirées par l'eau, indispensable et rare, extraite en cette saison sèche du puits à bras. Cette femme m'invite à rester travailler, à traire, à faire le fromage avec elle quelque temps.

Une invitation que je dois refuser avec un pincement au cœur. J'avais dix ans quand j'ai goûté au lait de chèvre frais que je venais de traire. Je me trouvais alors chez ma voisine. Un merveilleux souvenir que je lui raconte. Elle en rigole, bien sûr, mais ne me quitte pas des yeux, me scrute timidement, puis elle détourne rapidement son regard lorsqu'elle s'aperçoit que je l'ai sentie m'observer.

J'imagine que ses rêves à elle doivent être bien différents des miens. Je ne lui ai pas posé la question. J'aurais dû !

Ces hommes et leurs bêtes
viennent de très loin, plusieurs
jours pour certains, voire une
semaine de cheval pour d'autres…

Gaucho

Des regards hispaniques

Après une ascension sous le soleil de midi, je m'arrête là, sous l'unique arbre à la ronde, en attendant qu'Inti – le soleil – décide de basculer à l'ouest. Il fait 40 °C maintenant, je dois m'arrêter, ma réserve d'eau me l'impose.

D'ici, perchée sur le sommet de ces rondeurs, je trouve la montagne moins hostile ; le ciel est d'un bleu net sans la moindre boursouflure de nuage. Les cactus sont encore là, avec leur unique cône. Je les observe, les déshabille, les ausculte du regard jusqu'aux plus petits détails ; ils m'apparaissent alors comme des sentinelles, des gendarmes imaginaires dont l'uniforme a été oublié ; leur torse bombé, la tête haute, ils laissent à supposer que la bête, plus précisément le porc-épic, aurait été emprisonné sous la cotte de mailles : ils font les braves. Je m'en amuse. Je me découvre un peu, retire mon couvre-chef, m'allonge à même le sol pour me reposer en utilisant mon sac à dos comme conteur de rêves. Des petits buissons de quelques centimètres de haut semblent tapisser les moindres recoins, de gros ramassis de cailloux sont présents par groupes. Il est 15 heures, je viens de commencer la deuxième session de marche de la journée.

Il n'y a aucun sentier, ni repère, j'évolue sur une crête, c'est un endroit propice pour un point de navigation. En face de moi j'ai une ouverture imprenable sur des sommets arrondis à perte de vue. Je m'assieds, sors ma carte, mon compas, je scrute les montagnes d'en face, je m'attarde sur les contours, les changements d'altitude, de couleurs, les mouvements de la nature, pour comprendre et choisir le tracé le plus facile. La solution s'impose d'elle-même, j'ai trouvé…

Il va falloir redescendre et je vais utiliser cette petite rivière en contrebas comme guide, ce sera la meilleure façon de passer dans l'autre vallée. Cela n'a pas le mérite d'être clair sur ma carte topographique, elle n'est pas aussi précise que je l'aurais souhaité.

Une ligne dentée surplombe l'eau, elle m'indique des falaises de plusieurs mètres de haut. Je ne peux estimer la largeur du passage. Pour le moment, cela demeure une inconnue dans mon programme mais j'ai l'intuition que c'est réalisable.

Je rejoins l'eau et j'en profite pour faire le plein de mes réservoirs. Mais pourquoi faire le plein d'eau, alors que je longe une rivière ? Eh bien cela fait partie de mon anticipation. Il peut arriver que les pentes deviennent très abruptes et qu'il ne soit plus possible alors de descendre. Ne pas pouvoir boire, alors que le bruit de l'eau rythme le pas, c'est plutôt embarrassant, expérience faite !

Je découvre des rochers coupants rougeâtres. Je vais devoir choisir une rive à emprunter. Je joue avec la probabilité, mon regard se languit, je souris, j'aime penser à ces chemins qui nous guident et qui changent le cours de nos vies. La nature m'inspire, je m'arrête donc un instant pour la contempler. Figée, je pense aux rythmes des dispositions dans ce décor, ils ont quelque chose de parfait. Je continue à m'interroger sur toute cette création, peut-être qu'une pincée d'influence divine a bel et bien érigé le tout.

Pouvoir regarder la nature avec les yeux du cœur, c'est laisser la beauté transparaître.

Pouvoir la voir, la comprendre avec ce qui me relie à elle dans toute sa splendeur, c'est pourquoi je suis ici.

Je choisis le côté droit de la rivière. Tout en traversant, j'aperçois sur la rive opposée un passage marqué par des dizaines d'empreintes laissées là par ces dames. Mes pas vont suivre cet étroit sentier de chèvres qui domine la rivière, pareil à une entaille inlassablement maintenue dans le flanc découvert de cette paroi… En contrebas, je devine quelques grandes herbes vertes, contrastant avec le rouge des roches, qui donnent l'impression à tout intrus d'être le bienvenu.

Le bruit de l'eau résonne, les deux parois rocheuses qui étreignent le ruisseau sont devenues gardiennes. Par jeu, elles communiquent en se retournant l'écho. Je vais faire plus de 10 kilomètres sur ce petit sentier poussiéreux. Le soleil commence à flirter avec le couchant, cela fait déjà plus d'une heure que je recherche un endroit pour la nuit, mais rien, même pas un mètre carré de plat disponible. Je garde le pas, il faut que je trouve, quitte à n'utiliser que mon sac de couchage pour passer la nuit. Dans un tournant, le sentier se tortille, passant sous un rocher. Sur ces hauteurs, un petit plat fera l'affaire. Ce sera là. Je grimpe, hisse mon sac à l'aide d'une cordelette de plusieurs mètres. J'assemble ma tente, je trouve une solution pour la fixer, vu le manque de surface disponible : utiliser des cailloux qui vont pendre dans le vide, créant ainsi une tension. La surface de mon tapis de tente est plus grande que cette petite terrasse, mais peu importe. Comme à mon habitude, je fais un petit tour d'horizon pour voir ce qui se passe aux alentours. Au-dessus, il y a, à 400 mètres, des formations rocheuses arrondies, de toute beauté. À deux pas, j'ai vu des petits trous de trois centimètres de diamètre dans le sol. Certainement des nids d'araignées, je vais aller les titiller avec un brin d'herbe plus tard.

Une sensation de faim s'est installée depuis le milieu de l'après-midi. Les céréales du matin sont déjà loin. Le ventre vide, je soulève le couvercle de ma casserole, la vapeur s'échappe par vagues, mes lentilles sautillent comme sur des ressorts. Je déguste mon repas cuillerée après cuillerée, j'ai le ventre plein, je me sens bien. L'esprit serein, je retire enfin mes chaussures, et me glisse précautionneusement dans mon sac de couchage. Ah zut, une grosse aspérité rocheuse se trouve à la hauteur de mes reins, je vais devoir dormir de côté, sans bouger, je suis presque en débord. En règle générale, je suis une marmotte, je dors partout sans souci, c'est le seul moyen de récupérer et de ne pas accumuler la fatigue. Mais en même temps je suis toujours à l'écoute de ce qui se passe aux environs, j'ai une sensibilité auditive très développée.

Cela doit bien faire quelques heures que je me suis endormie, mais soudain je sursaute : les sons de la nuit se sont tus, laissant la place à des bruits de sabots touchant le sol à des rythmes irréguliers. Je mets la main sur ma lampe de poche qui se trouve toujours là où elle doit être. J'ouvre la fermeture de ma tenture, et dans le noir, j'attends. La nuit est claire, douce. Le bruit se rapproche. Immobile sur un rocher dans une tente vert nature, je reste tapie là, comme un puma. Les kangourous australiens m'ont appris à ne pas bouger, c'est la meilleure défense dans la nature. Immobile, tu survivras, à moins que tu ne coures plus vite que ton ennemi. Pour ma part, je choisis d'être invisible, mon équipement entier est couleur camouflage : vert « nature » et sable.

Je découvre des cavaliers fatigués, qui se laissent guider par leur monture, se balançant mollement de gauche à droite au rythme des pas. J'ai presque l'impression que certains de ces messieurs se sont endormis. Les chiens m'ont sentie, ils aboient, sans pouvoir me localiser. En tête de cette caravane, du bétail court tant bien que mal, fatigué. Un nuage de poussière s'efface, dévoilant des mules chargées au maximum ; elles sont poursuivies par d'autres fantômes montés, dont je ne devine que le pourtour. Je les distingue à peine, ils ne m'ont pas vue, je me rendors.

Je viens de sortir d'une nuit réparatrice lorsqu'un bruit de sabots sur le sol retentit de nouveau au loin. Il se rapproche, je devine maintenant la poussière. Je me camoufle derrière ma tente à peine entrouverte pour les observer. Cette fois, la caravane est longue, ils sont bien une quarantaine. Je peux voir leurs costumes, sobres, avec une large ceinture ventrale de tissu brodé ; leurs chapeaux à bord plat sont retenus par une ficelle qui trouve appui sous le menton. Un petit blazer cintré arrive à hauteur de la ceinture. Ils sont fiers, droits et sans hésitation, laissant transparaître leur origine hispanique. Les montures sont somptueuses, les selles de grande qualité, une couverture est soigneusement roulée à l'arrière de la selle ; juste sur le flanc droit du cheval, le lasso est là, rigide. Les bêtes suent, ça sent la poussière entremêlée d'effluves animaux, de transpiration âpre, d'excréments lâchés en vitesse. Le regard noir et dur de ces hommes me surprend.

Où vont-ils ?

Selon ma carte, il n'y a rien, pas un village, pas une habitation à des jours de cheval.

Bien après leur passage, j'entends encore les sifflements aigus destinés à guider la file et maintenir un rythme.

Quelques minutes plus tard, j'ai besoin de soulager une envie qui s'est transformée en obligation urgente. Sur le chemin du retour, je me souviens alors d'un nid d'araignée que j'ai omis de visiter la veille. Comme une gamine devant une glace vanille, je choisis un brin d'herbe bien sec qui va m'aider à déloger l'habitante de sa cachette. Accroupie, prête à l'action, je vois soudain sortir de ce petit orifice de grosses guêpes aux arrière-trains qui ne cessent de pomper. Je recule aussitôt.

Un nid de guêpes ! Je l'ai échappé belle, je ne pense pas qu'elles auraient apprécié que je rentre chez elles sans invitation. Le ruisseau me conduit, ma confiance en lui est aveugle, il me sortira de là. Avec ses inspirations d'il y a longtemps, il a choisi son chemin, son lit est sinueux, comme s'il était parti à la découverte des lieux, un peu plus ici, non par là.

L'humeur du ruisseau :

Tu chantonnes des gammes, que les cailloux
t'imposent.
Tu voyages amoureusement,
en ne quittant ton lit que lorsque cela s'impose.
Parfois tu virevoltes, tu t'évades, mais tu retournes
Inlassablement chez toi,
En terrain connu, là où tu es bien, dans ton lit.
Comme tu as la bougeotte, chez toi c'est alors un
peu partout,
Là où ils te font rire, là où la vie éclot grâce à ton sang.
Tu racontes alors une histoire, faite de petites histoires
que l'on t'a racontées au fil de tes voyages,
Faites de rires et de pleurs
Au-delà des frontières.

Cela fait déjà deux jours que j'ai vu les cavaliers et depuis, plus rien, je chemine seule. Ce matin, j'ai un bon rythme, je suis gaie comme un pinson, mes bâtons de marche ont peine à suivre le va-et-vient de mes jambes qui semble s'accélérer. L'eau choisit à nouveau de zigzaguer. Au sortir d'un contour une jolie plage habitée de grandes ombellifères s'impose à moi, comme une halte obligée. Je m'approche du bord et soudain je les vois, par groupes de huit ou douze.

Les chevaux sont au repos, les chiens sont encore ensommeillés, discrets, éparpillés un peu partout. Les cavaliers somnolent, pas très loin de leur monture, la selle en guise d'oreiller. Je poursuis ma route. D'un œil incrédule, ils m'observent, mais ne répondent pas à mon bonjour. En voilà un qui est un peu plus conscient, il se redresse sur un coude pour m'observer, soudain change d'avis et se laisse retomber aussitôt en tirant la couverture sur lui, sans vouloir savoir.

Il se tient sous un arbre, le ventre tendu, disproportionné pour sa petite taille ; son t-shirt bleu ressemble à un torchon, aspergé de taches douteuses qui ont altéré la teinte d'origine. Il semble bien différent des « caballeros » que j'ai pu voir il y a quelques jours. L'œil vitreux, la bouche pâteuse, il me regarde avec une mimique interrogative sur son visage. Je remarque qu'il est pieds nus. À sa droite, gardé par un petit chien presque blanc, un carré de bâche décolorée supporte plus d'une cinquantaine de bières d'un litre. Une étiquette verte et blanche annonce : « Cristal ».

Cristal quoi ?

C'est le nom de la bière chilienne bien sûr. Il essaie de se relever, ses petites jambes ne peuvent que gigoter sans pouvoir faire le moindre contrepoids. Il abandonne tel un scarabée prêt à mourir. Il me scrute d'un œil confus, ne cesse de fermer les yeux et de les ouvrir comme s'il espérait reprendre ses esprits au plus vite. Je n'attends pas, je file.

À une heure de marche à peine, je découvre le lieu de rassemblement. Un lieu-dit, là où la vallée s'est élargie.

Dans l'air, une cacophonie animale se joue, des beuglements répétés par les centaines d'ongulés rassemblés dans des enclos de pierres superposées y participent. Les chiens, surexcités par l'ambiance, se prennent pour des solistes de renom, tandis que des ânes en mal d'ânesses expriment leur désir de ralliement. À l'instant, une caravane arrive depuis l'autre côté de la vallée. Des sifflements stridents sortent d'entre les lèvres des gauchos, un idiome servant à communiquer avec leurs bêtes. La poussière vole, les buissons n'ont pas survécu à tant de monde. Le moindre arbuste survivant est occupé à tenir compagnie à un cheval fatigué. J'entends les bêtes se bousculer dans la rivière. Soudain, un cavalier me tire en arrière, je suis sur le point de lui montrer de quel bois je me chauffe lorsque de jeunes chevaux émergent de derrière le talus, la queue relevée, la crinière au vent : ils s'ébattent dans une course folle. Ils sont passés à quelques centimètres de mes pieds. Je reprends mes esprits, arrache mon regard de ce spectacle magnifique pour mettre un visage sur celui qui m'a sortie de ce faux pas. Il se tient là, la tête haute, il a des rides confortablement installées sur sa peau cuivrée. Ses yeux noirs sont petits et brillants d'intelligence. C'est avec élégance qu'il descend de son cheval et me salue avec lenteur tel un gentleman, en retirant son chapeau.

Il me raconte alors la vie d'ici

Voilà des générations que ces hommes se déplacent et se retrouvent. Ce point de rencontre est au milieu de la cordillère des Andes, à mi-chemin pour tout le monde.

– C'est ici que l'on vend notre bétail, que l'on échange nos plus belles bêtes et que l'on achète. (Il s'exprime avec un élan de passion.) Ces hommes et leurs bêtes viennent de très loin, plusieurs jours de cheval pour certains, voire une semaine pour d'autres. Alors on fête les retrouvailles, on prend des nouvelles, on boit en récupérant. Certains vendent du fromage de chèvre, d'autres de la maroquinerie artisanale. Certains s'occupent de la bière, de la nourriture. C'est aussi l'occasion de faire un petit rodéo demain matin, vous restez ?

– Et les femmes, où sont-elles ? demandé-je.

– Les femmes restent à la maison, ne voyagent pas, seulement les hommes. Et vous, où allez-vous ? s'enquiert-il.

C'est ainsi que commença une longue conversation. Il s'est avéré qu'il était le responsable de cette rencontre. Il m'est apparu comme un chef au milieu de ce monde bien rude.

Mes souvenirs sont précis et encore bien vivants lorsque je me remémore les moments passés parmi les cow-boys australiens. Ces deux mondes se ressemblent étrangement. Je prends congé de ce personnage bien serein, en le remerciant de m'avoir éclairée sur une partie de sa culture. Il me décoche un clin d'œil, remonte en selle et m'escorte à la vitesse de mon pas à l'extérieur de leur campement. Nos chemins se séparent à deux kilomètres de là, il a voulu s'assurer que j'emprunte la bonne direction. C'est comme s'il m'avait raccompagnée sur le pas de sa porte. D'un geste de la main, il me salue, puis fait demi-tour pour rejoindre ses compères.

Pourquoi, lorsque je vois un petit sentier, une forêt, un désert, ai-je cette envie qui vient du cœur ? Cette envie de partir, de marcher à n'en plus finir, d'aller à la découverte de la nature, de la vie.

Quand j'éprouve ce besoin d'errance, je suis légère. Je me sens comme un petit animal qui sort de sa tanière, curieux, amusé. Je sais alors que je suis sur la bonne voie, celle de mon chemin de vie. Lorsque je m'en éloigne momentanément, les choses ont du mal à se réaliser, le synchronisme quitte petit à petit mon quotidien. C'est alors le moment de reprendre mes chaussures pour filer un amour passionnel avec le chemin. Suis-je une nomade ?

Est-ce que je peux être une nomade amoureuse ?

L'amour en lui-même est un cocon, il m'envoûte, me câline, me rend si belle, si insouciante, si dépendante. La vie est alors si facile, ce qui avant paraissait infranchissable devient si naturel. Un cocon où j'aime me lover, me perdre. Que ferais-je sans amour ?

Ces moments-là, je les connais, j'aime les ressentir, j'aime être amoureuse. Mais aujourd'hui je me rends compte que l'amour est un geôlier qui me caresse d'une main et me menotte de l'autre. Peu importe, l'amour me prend mes instincts, mes moments de calme, mes réflexions profondes, ma vie intérieure. Ma sensibilité s'efface, s'éloigne, je me retrouve alors avec un amour, que j'aime, mais que je ne peux aimer.

Je me retrouve sous contrat avec mon corps, mes tripes, avec mon chemin.

Beaucoup de gens me demandent comment je vis ces longs mois d'expédition seule.

Ces mois où je suis face à cette nature. Je me fais penser à une bête sauvage que l'on a mise dans un zoo pendant un bon moment. Puis que l'on a réintroduite dans son élément, là où elle est chez elle. Cela exige quelque temps pour qu'elle s'acclimate à nouveau, mais après ce temps elle disparaît dans sa nature.

Un tel alignement de nœuds permettait sur une même corde de former un nombre entier inférieur ou égal à 999…

Quipu

Sur les pas des Incas

Un jour, d'une oreille un peu distraite, j'ai écouté l'histoire des chaskis.

Les chaskis étaient des coureurs agiles et très entraînés sous l'Empire inca.

Un chaski était un athlète-messager qui courait jusqu'à 200 kilomètres par jour dans le but de délivrer des informations, des objets, ou encore d'approvisionner l'Inca en produits frais de la mer.

Ces messagers se relayaient, ce qui leur permettait le transport de messages sur de très longues distances en un minimum de temps. Des tambos ou « points de repos » étaient construits à des endroits stratégiques, ce n'étaient que des petits abris fournissant eau et nourriture. Un chaski partait d'un tambo pour en rejoindre un autre, où un de ses collègues chaskis, au repos, reprenait sa mission jusqu'au prochain tambo.

Les chaskis recevaient un entraînement aux techniques d'attaque et de défense pour s'assurer de la bonne livraison de leur bien.

Les objets d'un chaski :

– *Pututu :* une trompette faite d'une conque ou d'une corne d'animal.

– *Quipu :* le moyen de conservation des informations.

– *Qipi :* un carré de tissu qui permettait de transporter des objets dans son dos.

Cette petite histoire a été l'élément déclencheur pour le choix de mon expédition. Oui, c'est décidé, cela sera l'Amérique du Sud !

Sous le règne inca, de 1450 à 1532, un réseau de sentiers principaux et secondaires a été construit du nord au sud, reliant l'empire côtier à la chaîne andine, dans l'espoir de contrôler le royaume. Au total près de 45 000 kilomètres de sentiers ont été tracés dans des terrains plus que difficiles.

Je vais suivre le sentier inca qui se trouve sur la chaîne des Andes, reliant Santiago du Chili (limite frontière du sud de l'Empire inca) au Machu Picchu qui correspond à leur centre spirituel.

Je vais suivre un sentier imaginaire puisqu'il n'existe plus physiquement, mais je vais endurer les mêmes conditions que les chaskis, sans prétendre parcourir 200 kilomètres par jour.

Depuis le moment où j'ai pris la décision de partir, je me pose la question, la même d'ailleurs qui va me poursuivre pendant tout mon voyage : que reste-t-il de ces temps-là ?

Comment les indigènes actuels voient-ils leurs ancêtres aujourd'hui ?

C'est impatiente et curieuse que je me suis plongée dans divers récits relatant la vie, la croyance et la structure sociale de cette époque.

Pas de plumes, mais des quipus

Eh oui, la lourde machine administrative sur laquelle l'Empire inca reposait n'était pas basée sur l'écriture, qui n'existait pas, mais sur le quipu.

Quipu signifie « nœuds et comptes » en quechua.

Le quipu était géré par le quipucamayok, qui était capable de lire et de comprendre les divers nœuds réalisés sur des cordelettes de différentes couleurs et de différentes longueurs, toutes reliées à une corde principale. Ce modèle peut paraître sommaire, mais il a été confirmé qu'il était capable de recenser les décès, les naissances, les stocks de nourriture, les rendements de certains ayllus[1] avec précision. Certains quipus sont datés de huit mille ans.

Plus en détail, chaque cordelette comporte trois types de nœuds distincts.

– Des nœuds simples, représentant les unités, limités à 9.

1. Communautés d'origine et de travail.

– Des nœuds compliqués, représentant les dizaines, limités à 9.

– Des nœuds de huit, représentant les centaines, limités à 9.

Un tel alignement de nœuds permettait sur une même corde de former un nombre entier inférieur ou égal à 999.

Le quipu était aussi utilisé comme outil de communication par les chaskis pour délivrer un message.

Certains quipus, plus complexes, relatant la vie spirituelle des Incas, restent indéchiffrables à l'heure actuelle.

Je n'arrive pas à m'imaginer cuire un steak de flamant rose, je vais donc naturellement oublier très rapidement la survie. Je vais me tourner très tôt dans mes préparatifs vers une autre solution...

Préparation de la nourriture

Nourriture

Durant cette expédition andine, je vais devoir marcher à une altitude variant entre 3 800 mètres et 4 500 mètres de moyenne. C'est assise à terre, le regard plongé sur les lignes de mes cartes topographiques, que je me suis imaginé la vie dans ces montagnes balayées par le vent en permanence. Mes recherches m'ont conduite à en savoir plus sur la faune et la flore de ces régions apparemment austères.

J'ai commencé par les élégants flamants roses qui évoluent en princes sur ces hauteurs. Puis je me suis arrêtée avec fascination sur la famille des « camélidés » regroupant les lamas, les vicuñas[1], les guanacos, et les alpacas[2]. Quelques rares familles de chinchillas, survivantes d'une longue période de chasse, vivent encore dans

1. Vigognes.
2. Alpagas.

cet environnement minéral et caillouteux qu'est la cordillère.

Mes recherches ont été dirigées sur le fait de pouvoir vivre ou non dans des conditions de survie à ces altitudes. Je n'arrive pas à m'imaginer cuire un steak de flamant rose, je vais donc naturellement oublier très rapidement la survie. Je vais me tourner très tôt dans mes préparatifs vers une autre solution.

Georges en cuisine

Monsieur Georges Cantono m'a été présenté par un ami commun voilà quelque temps maintenant. Un personnage qui par moments s'apparente à un ours de la Taïga. Mais lorsqu'il s'adonne à sa passion pour les jardins japonais, il se mue en hirondelle printanière discrète et délicate. Son œil aiguisé et ses gestes précis laissent vivre le langage de l'espace plein et de l'espace vide.

Et quand on touche au domaine de la nourriture, vaut mieux être assis à une table de son restaurant qu'en cuisine où il règne en tyran. Pas envers ses employés, non ! Mais bel et bien avec ses ingrédients sélectionnés avec soin et passion. Gare au brocoli qui décide de changer d'un ton la couleur de sa robe. Si par malheur le poisson du jour s'amuse à regarder Georges d'un mauvais œil, il périra une deuxième fois, inutile, sur son lit de glace. Ses ingrédients sont pour lui des notes de musique nécessaires à la réalisation d'un chef-d'œuvre. Si un détail est négligé, eh bien, le tout en subit les conséquences. Ses plats, donc, respirent la passion, la couleur, la saison. La finesse d'exécution est son arme ultime.

Sous vide elle sera…

Je ne me souviens plus très bien dans quelles circonstances nous sommes arrivés à la collaboration qui nous unit aujourd'hui.

Mon problème de nourriture a sonné comme un défi aux oreilles de Georges.

Il s'agissait donc de me nourrir d'aliments secs, complets de surcroît. Le conditionnement des aliments devait par conséquent avoir été fait immanquablement sous vide. La durée de l'expédition n'était alors connue de personne, il fallait être prêt pour une durée incertaine de six-dix mois.

Son imagination m'a accompagnée tout au long de cette cordillère. En réalité mes besoins sont très précis et simples – un petit déjeuner composé de 125 grammes de céréales, un repas par jour de 125 grammes, et deux sachets de fruits secs…

Georges va alors jongler avec de la quinoa, du blé, des lentilles, des pâtes, etc. La difficulté se trouve dans le choix possible d'ingrédients du fait que je suis végétarienne.

Des petits trous, encore des petits trous…

L'idée est de déposer sur la cordillère, à des points précis, des rations de nourriture et des conteneurs d'eau.

Le concept est bon, mais, en réalité, il va falloir bien de l'énergie à Joël, mon frère, dans son véhicule tout-terrain, pour atteindre les points de dépôt. Joël va se charger de faire des trous, camoufler la nourriture et mémoriser le point G.P.S. Ce point G.P.S. précieux va m'être communiqué durant le ravitaillement prévu. Concept périlleux qui ne va pas me laisser de plan B sur le terrain.

La problématique est l'accès à la cordillère pour Joël. Les passages de frontière ont rythmé son avancée motorisée. Les douaniers ne comprenaient pas toujours ses explications abracadabrantes sur « la sœur qui marche sur la cordillère ».

Après des milliers de kilomètres parcourus, le bilan est positif… Je suis vivante ! Une seule cache de nourriture a été volée et une autre presque entièrement mangée par des souris gourmandes.

C'est sans eau et le ventre vide qu'en ce dimanche matin j'arrive aux portes de ce village…

Village chilien

Le Chili de l'intérieur

Assise auprès du feu, je laisse mon regard s'évader dans la vallée en contrebas, la fumée se disperse au vent caressant de fin de journée. Le foyer de très petite taille est monté avec quelques brindilles des buissons environnants, il dégage un effluve particulier, une odeur d'encens.

L'encens me fait penser à des instants volés à mon enfance.

Ma maman ne m'a jamais imposé d'aller à l'église ; contrairement à d'autres mères, elle me donnait le choix entre cuisiner pour cinq personnes ou me prêter à ce rituel. L'odeur du poulet à la sauge dominicale a été, pour mon plus grand épanouissement, mon parfum du dimanche.

L'encens embaumait mes habits exclusivement pour les rendez-vous immanquables.

Aujourd'hui j'aime les églises quand elles sont vides, silencieuses, elles portent alors un voile de mystère. J'aime entendre l'écho de mes pas sur les dalles de pierre ; discrètement, les yeux mi-clos, je remplis mes poumons de cet encens purificateur.

L'encens est la seule chose qui me parle dans tout le paquet mystique que l'on m'a présenté. Mon église à moi est universelle, accessible à tous – c'est la voûte céleste, c'est la nature et ses merveilles.

Il faut dire que les choses ont plutôt mal commencé avec le curé du village. J'avais dix ans lorsque j'ai reçu, d'une main surgissant d'une soutane, une gifle mémorable, qui je dois le dire m'a bien remis les idées en place. Il avait de sacrées paluches ! Je les vois encore.

La leçon de catéchisme durait quarante-cinq minutes. Le curé dévoué fermait ses yeux et un discours inaudible s'échappait alors de ses lèvres fines et austères. J'ai probablement voulu optimiser mon temps et testé alors ma créativité en dessin, ce qui m'a valu les foudres de l'enfer.

Par contre la complexité d'un pistil de fleur, la mélodie du ruisseau, la surprise de pouvoir enfin voir les couleurs de la lumière lorsque l'arc-en-ciel nous bluffe de sa présence éphémère, n'est-ce pas là, la représentation divine de ce Dieu tant sollicité ?

J'ai traversé mon premier village, le deuxième, puis naturellement le troisième… C'est ainsi que j'ai eu un aperçu du mode de vie des habitants de ces régions montagneuses. Ils se déplacent en marchant aux côtés des mules. Alors, comme eux, j'ai utilisé le réseau de petits sentiers muletiers étroits qui sillonne la montagne pour rejoindre le village suivant. Des sentiers où j'ai rencontré des cavaliers solitaires aux joues creuses et au regard préoccupé, des livreurs de fromages aux pas rapides et, bien sûr, des chiens errants, du bétail mort, la sécheresse, les cailloux…

Voici les premiers résultats de mes investigations de surface : les maisons n'ont pas l'eau courante, pas de douche ni de baignoire, les femmes sont suspicieuses, sur le qui-vive.

Les belles Chiliennes sont brûlantes ; leurs époux étant contraints de travailler dans des mines, isolés, cela explique la sensibilité de ces femmes.

Ils vivent dans des maisons de petite surface en briques d'adobe (terre mélangée à de la paille puis séchée au soleil) toujours entourées d'une palissade ou d'une barrière faite de matériaux rencontrés au fil du temps : c'est ce qui donne cette première impression de « cabane rapiécée ». La tôle est utilisée pour la porte et le toit.

Parmi mes surprises face à ce peuple multiculturel, j'ai pu constater que les hommes étaient toujours très élégants et toujours très propres. Il n'est pas rare non plus de voir sortir une femme d'une maisonnette de terre vêtue de vêtements d'un blanc immaculé. Les gens marchent le long des chemins de terre, ils se déplacent à vélo, et à moto plus rarement. Le bruit des transistors partage avec le badaud le dernier tube à la mode vingt-quatre heures sur vingt-quatre à plein volume. Les klaxons surprennent le piéton novice, cela fait partie du mode de vie latin, de saluer ainsi. Les habitants sont bruyants, parlent sur un ton d'engueulade, connaissent la laitue coupée en lacets, les tomates et l'avocat ; la sauce et le goût, eux, font partie d'un concept qui n'a pas été pris en compte. Et bien sûr ils aiment la viande, ils ingurgitent beaucoup de viande : elle est indispensable à chaque repas.

J'arrive à Salamanca...

Je traverse un pont de 800 mètres de long, il est 10 heures, je me suis levée tôt. Hier soir, je ne me suis pas concocté de petit repas. Je n'ai pas allumé mon réchaud à essence non plus, par souci de discrétion, car dès sa mise en fonction, il donne naissance à un halo lumineux accompagné d'un vrombissement de fusée prête au décollage.

J'étais donc inquiète qu'on découvre ma maigre cachette. Il valait mieux s'abstenir. Ce matin idem, j'ai préféré filer. Il me manque la carte topographique de la région, mais j'ai estimé à 10 kilomètres l'accès au village. En réalité j'en ai parcouru 20. Je me surprends à manger du kilomètre à une de ces vitesses ! Mes jambes avancent toutes seules.

C'est sans eau et le ventre vide qu'en ce dimanche matin j'arrive aux portes de ce village de cinq mille habitants. Les rues sont calmes comme avant une tempête annoncée.

Je remonte les premières allées ; sur mon passage, j'aperçois du mouvement. Je m'approche d'une personne qui semble être la seule survivante de la grande fiesta de la veille.

Au ralenti, le geste conscient, elle fait voyager la brosse de son balai dans le moindre recoin : le hall de sa maison est impeccable. Le trottoir devant est aussi sous sa juridiction. Elle se présente à moi timidement sans me regarder, détournant poliment ses yeux.

– Je m'appelle Louisa, et vous ?

Elle me semble discrète, calme et non bruyante, contrastant avec les gens que j'ai pu rencontrer jusqu'ici. La beauté de cette femme d'une cinquantaine d'années me captive, sa peau est lisse et cuivrée, sa silhouette svelte, un diadème vieillot retient la chevelure épaisse couleur jais qui lui caresse les reins au gré de ses mouvements. Je lui souris.

– Bonjour, je m'appelle Sarah.

Elle s'arrête et me regarde de bas en haut. Mon pantalon est couleur terre, sale, mon maillot est zébré de lignes de sel blanches et irrégulières que ma transpiration a déposées là au fil des jours. Je ne suis pas dans une tenue politiquement correcte, je retire mon chapeau en pensant améliorer mon apparence, mais mes cheveux aussi auraient besoin de toute mon attention : ils n'ont plus vu d'eau depuis des jours, des semaines.

Louisa me rend alors mon sourire et par-dessous ses sourcils me regarde avec une expression naïve et généreuse. Son nez est cassé comme celui de ses ancêtres.

Je lui explique mon parcours, tout en lui montrant la cordillère pour m'assurer qu'elle a bien compris.

– Je désire manger et me laver. Où puis-je donc trouver un endroit pour ça à Salamanca ?

– Il n'y a pas de problème, viens je te conduis.

Ses mains sont envahies de veines apparentes, m'indiquant une vie de travail acharné. Louisa désire porter mes bâtons de marche, elle insiste. C'est ainsi, en marchant côte à côte, que quelques pâtés de maisons plus loin nous arrivons devant une pension. Tout au long de ce trajet, son garde du corps représenté par une petite boule de poils agressive nous a filé le train. Sur le mur est inscrit « alojamiento », la porte d'entrée est découpée dans une autre grande bouche en bois massif, ancienne, d'un brun trop brun. Ma guide échange quelques mots avec la propriétaire ; celle-ci, tel un gendarme dans un carrefour aux heures de pointe, nous fait signe d'entrer.

Louisa passe devant moi, j'enjambe précautionneusement l'encadrement de la porte, j'entends alors l'appel de mon sac à dos pris au piège : il est resté coincé dans l'embrasure étroite de la porte, je ne peux ni avancer, ni reculer. Je m'amuse de la situation, cela ne risquait pas de m'arriver dans la nature. Les deux femmes décident d'utiliser mes bras pour me dégager. Après un seul effort, elles me libèrent de mon étreinte, et je me retrouve la tête la première propulsée, sans pouvoir freiner mon élan, ni mon atterrissage forcé, sur la poitrine opulente de la patronne.

Je suis embarrassée, je m'esclaffe puis reprends mes esprits. Pendant ce temps la patronne tire nerveusement sur les bords de son tablier, se redresse fièrement et retrouve son port rigide tout en m'évitant du regard. Ses gestes sont ceux d'une jument pur-sang après un galop.

Sa chevelure s'est désorganisée, mais c'est avec une lenteur calculée que la mèche vagabonde est remise à sa place, pour finir parmi les autres, tirées, lissées et attachées sur la nuque en un chignon parfait. Je suis suspendue à sa gestuelle l'espace d'un instant, c'est sa manière à elle de me faire oublier la malheureuse bousculade.

La maison a été construite en laissant un espace vital au centre, ce qui ressemble étrangement aux haciendas espagnoles où les portes de chaque chambre donnent sur une cour intérieure. Ma chambre est agrémentée d'un lit recouvert d'un matelas.

J'imagine que celui-ci fut la propriété d'un monsieur bien lourd et bon dormeur, parce que je ne vois pas d'autre explication au creux qui s'est installé dans cette paillasse. Les murs sont recouverts d'une poudre blanche, les fenêtres sont maintenues à l'aide de mastic contre leur cadre métallique. Louisa me rejoint dans ma chambre et m'invite à visiter la salle de bains. Je me retrouve au fond de la cour. La porte a été installée par un borgne, dévoilant son penchant pour le côté droit, le miroir moucheté par le temps a été posé là par le même borgne, le sol est fait de restes de planelles, contre le mur un trou laisse apparaître une pomme de douche. Un peu plus bas, un seul robinet de douche annonce par son unique présence «eau froide seulement». Je me penche discrètement, dans les toilettes une forme brune allongée macère depuis quelque temps, la couleur de l'eau est devenue brune, trop brune. Je fais un pas en arrière, Louisa tout excitée s'exclame :

– C'est génial hein ?

– Quoi ?

– Peu de monde a une salle de bains comme celle-là.

La conversation s'arrête là, je dégage ma jambe des griffes du chien de Louisa et retourne dans ma chambre. Je prétexte une fatigue pour me retrouver seule. Je m'allonge sur le lit et m'enfonce un bonnet sur la tête, il n'y a bien sûr pas de chauffage et les murs sont humides, mes os sont glacés, je m'enferme vivante dans mon sarcophage de plumes, le temps d'une réflexion…

Cela ne cesse de se bousculer dans ma tête, les sujets sont divers – leur hygiène, leur façon de vivre : j'ai du mal à comprendre… Ils sont loin de ressembler à des pouilleux, ils sont bien habillés, proprets sur eux. Vivent-ils tous comme cette famille ? Une chose est sûre : je vais me retenir d'aller aux toilettes. La nuit approche, j'ai sorti un « plastique zip » et je me vide discrètement dedans ; cette technique ne me quittera plus lorsque je devrai m'imposer une nuit dans un village.

Je souris seule dans le noir, je pense à ces petits sachets noirs faits tout exprès pour ramasser les excréments de mon chien en Suisse ; il me serait d'une utilité précieuse. Décidément la vie dans la nature est bien plus facile et sereine.

Le lendemain matin, je trouve le sac de nourriture que Joël a déposé chez une dame très sympathique, je me charge à nouveau, et m'empresse de quitter cette agitation qui ne me plaît guère. À deux kilomètres, je me retourne et observe de loin ce village: songeuse, je sais déjà que les rencontres seront difficiles. Je me souviens de cet espoir que j'avais de faire des rencontres. Je me souviens de mes lectures sur ce peuple qui vivait alors avec respect et noblesse face à la nature. J'étais vierge de toute expérience sud-américaine, vierge avec une lueur de respect et une soif de rencontre avec ces descendants des peuples andins.

Je suis comme un zombi, j'ai peu dormi dans mon lit baignoire, je sors du village en me laissant guider par les pas de la veille. J'ai repéré un autre sentier d'accès aux montagnes du Nord, ma nouvelle carte est formelle, c'est le chemin le plus court, je suis maintenant prête à m'engager sur cette nouvelle étape plein nord. Un pas nouveau et décidé m'habite, lorsque soudain sur ma droite une décharge gigantesque à ciel ouvert apparaît. Les oiseaux sont là, charognards. Ils s'acharnent sur un… Je ne peux définir sur quoi vraiment, jusqu'à ce que ma présence les dérange, ils laissent alors tomber leur déjeuner qui se révèle être une tête de chien fraîchement sectionnée, un chien magnifique au poil mi-long. Leur trophée retournera peu de temps après mon passage entre leurs griffes acérées et opportunistes… J'apprendrai plus tard que, le long de cette cordillère, on mange les chiens, les cochons d'inde et j'en passe… La réalité me saute à la gorge, les humains me répugnent, je retourne dans la nature.

J'arrive tard, j'ai réalisé une bonne journée de marche à travers deux vallées magnifiques, actuellement le soleil se couche à son rythme. Je laisse mon corps s'allonger dans ce sable chaud, où des buissons verts ont ancré leurs racines. Ce lit de rivière asséché va être ma couche pour la nuit. Je me retrouve camouflée entre les branchages, j'enlève mes chaussures, mes chaussettes ont du mal à se décoller de mes pieds, il a fait 40 °C.

La largeur de cette vallée est occupée par le lit de cette rivière endormie. Les pieds enfoncés dans le sable encore chaud, je contemple le gris minéral qui se voile de rose pastel, la luminosité se tamise. Mes mains distraites s'amusent avec le sable.

Après un effort intense, j'ai un sentiment particulier de plénitude, comme si le sablier avait cessé de s'écouler, laissant place à un espace léger. Les muscles sont douloureux, les pieds brûlants, la tête est comme une marmite sous pression, mais je sais que je ne suis qu'en phase une. Une relation intérieure semblable à un dialogue s'installe face à la douleur, je rassure mon être et lui promets de belles épopées.

La vallée est plongée dans une obscurité lumineuse, mes yeux ne rencontrent pas de grandes difficultés à s'adapter, le sable gris apparaît semblable à un tapis parsemé de petits scintillements, des particules minérales miroitent dans les reflets de la nuit. Seule au milieu de ces montagnes protectrices, je sens mes paupières qui arrêtent de lutter, le silence est maître de la nuit, je sombre dans un autre monde.

À 8 h 30 le lendemain, j'approche d'un baraquement, je marche sur les terres d'un parc national. Une petite superficie où vivent encore naturellement des chinchillas qui sont en voie de disparition.

Il y a quatre hommes à l'extérieur en uniforme de « ranger », ils parlent fort, rigolent, leurs rires sont porteurs, de grands gaillards en réalité, tous un peu bedonnants.

Soudain – ma présence a été repérée –, deux autres « rangers » sortent des bâtiments. Leurs uniformes sont de couleur vert kaki, un médaillon est cousu sur chaque épaule, annonçant leur affiliation au Parc national chilien. Je garde volontairement mon chapeau et mes lunettes, l'ambiance n'est pas aux accolades. Détournant toute question de leur part, je leur demande où je peux trouver de l'eau potable. C'est alors qu'un des hommes passe sa tête sous le robinet devant ses pieds, ingurgite deux gorgées bruyamment et déclare les yeux encore rougis de la fête de la veille : « On boit que cela ici ! », déclenchant un fou rire général.

L'ambiance est tendue, je sors mes réservoirs, les remplis le plus rapidement possible.

– Qu'est-ce qui se passe ici ?

Il est là, planté à nous regarder.

Tout le monde s'est tu. Le silence en dit long, j'en déduis que c'est leur chef. Il a les cheveux en bataille, la chemise ouverte, le ventre bien en avant comme une femme enceinte à quelques jours d'accoucher, mais surtout les pieds positionnés à 10 h 10.

Il s'avance sans nous regarder, puisqu'il est complètement absorbé par un vieux magazine corné qui occupe ses mains. Il s'approche de moi, *je n'ai vraiment pas envie de m'attarder, ni de lui parler*. En prévision de situations comme celle-ci, Joël a préparé une fiche laminée qui explique mon périple, le tracé, etc. Tout en espagnol avec une photo indicative, *puisque j'étais loin de maîtriser la langue à ce moment-là.*

Il lève les yeux, me prend ma fiche qu'il retourne négligemment sans vouloir la lire et s'arrête sur la photo.

– C'est qui en photo ici, moi je veux voir celle-ci ! hurle-t-il tout en pointant son doigt boudiné sur la photo de présentation.

– C'est elle que je veux, celles-ci je les ai assez vues… Il referme négligemment son magazine qui s'avère être une revue de femmes très peu vêtues.

Le temps qu'il réalise quoi que ce soit, j'ai déjà retiré la fiche d'entre ses mains, fermé mon sac, et avec un grand sourire diplomatique, je leur ai signifié mon départ. D'un pas ferme et déterminé je m'éloigne.

Sans réagir, ils restent plantés là, peu importe il fait déjà trop chaud pour eux.

D'ailleurs, je veux mettre le maximum de distance avec leurs baraquements, fais 20 kilomètres de détour tout en montée. Je sens mes tempes me brûler, mon cœur battre trop vite, je surchauffe plus d'une fois avant de finalement trouver un coin à l'ombre d'une haie de peupliers naturelle dont un hypothétique ruisseau rafraîchit les racines.

Des bêlements surgissent sur la pente rocheuse en face de moi, surplombant ma position ; des noires, des blanches, des rouquines, des mélangées, plus belles les unes que les autres, se révèlent au décor. Les chèvres rentrent chez elles pour se faire extraire le liquide précieux que supportent leurs mamelles, les rendant indispensables à la vie dans ces régions. Au passage, une noiraude attirée par de petites pousses tendres se met à escalader le peuplier juste à côté du mien sans me voir, elle est montée à dix mètres pour goûter aux petites pousses vertes.

Je n'en crois pas mes yeux, je ne bouge pas de peur de la déranger, puis de branche en branche, elle découvre maladroitement son chemin de retour sur la terre ferme.

Je souris, ce spectacle est pour moi une récompense, je me couche sur le sol qui est encore très chaud, mes muscles tendus du dos se délassent. Je suis heureuse, j'affectionne la vie au grand air, au contact de la nature. Je ne peux détourner mon regard des montagnes d'en face qui dessinent des vagues sur l'horizon, je m'abandonne à cette matrice protectrice pour finalement sombrer dans le monde du rêve.

Pourquoi la marche ?

Je ne peux pas vraiment exprimer pourquoi la marche me passionne depuis tant d'années.

Je pense que c'est ancré en moi, comme une vieille mémoire.

Je suis toujours tellement excitée à l'idée d'aller marcher trois jours ou une année, la sensation est la même. Ce qui me titille au plus profond de moi, c'est ce sentiment que me procure le lâcher prise, où l'on ne peut maîtriser le lendemain, l'heure, la seconde qui vient parce qu'elle fait partie de l'inconnu.

L'inconnu…

Je pense que l'inconnu naît là où se termine la sphère rassurante des repères.

Pour vivre dans l'inconnu, il va falloir s'immerger au fond de son être, au fond de ce « mammifère sublimé » que nous sommes pour aller à la recherche d'autres ressources.

Pourquoi l'inconnu fait-il peur ?

Souvent, la peur surgit lorsque l'on n'arrive pas à identifier sa source…

La peur qui nous intéresse est associée souvent à l'inconnu. Lorsque je me retrouve face à une peur, je m'interroge sur la provenance de celle-ci, puis par jeu de déduction, je vais la traquer, jusqu'à ce que je sois capable de l'identifier. La peur est alors « fichée ».

L'esprit va donc identifier la peur et la reconnaître. Celle-ci va perdre son rôle d'inconnu et va s'envoler tout naturellement. La peur peut être un guide, comme une grosse supercherie. C'est là que se trouve la complexité et la plus grande difficulté, puisqu'il va falloir la reconnaître très rapidement, puis la gérer. Pourquoi à un moment précis, mon estomac se noue-t-il de peur ?

Est-ce par intuition profonde, voire par instinct, ou par peur du non connu ?

Il va falloir le découvrir très rapidement.

Je vais devoir rendre visite à ma dualité, à ma complexité d'être humain.

Est-ce mon petit ange sur l'épaule droite qui m'avertit d'un danger ou est-ce ce petit diable perché sur mon épaule gauche qui me joue encore des tours douteux ?

Nous éprouvons parfois des peurs engendrées par notre propre esprit.

Exemple : on imagine que vous vous trouvez seul dans une forêt en pleine nuit, il y a du brouillard… qui rend le lieu encore moins fréquentable. Vous allez avoir une peur bleue. Mais si l'on utilise la démarche par déduction, on va se rendre compte que dans cette forêt la bête la plus grande que vous puissiez rencontrer sera probablement un cervidé magnifique. On constate que ce qui vous fait peur, en fait, ce sont les images que vous avez emmagasinées à partir de la télévision, d'un film, d'un mythe, etc. On peut voir des scènes de crime se passer dans ce genre d'endroit. Inconsciemment votre esprit a mémorisé ces scènes et il est donc naturel que lorsque vous vous trouvez confronté à ces endroits-là vous ressentiez une peur.

L'esprit va fonctionner comme un ordinateur avec ce qu'il a emmagasiné. (La publicité est basée sur ce principe.)

Mais attention, il se peut aussi que la peur soit justifiée et qu'il y ait un réel danger lié à ce lieu… Et là, c'est la connaissance de soi qui va vous aider à faire confiance à vos sensations.

La peur réveille, la peur est saine, la peur me permet de me remettre en question, la peur me permet de me tenir prête, d'anticiper…

Tout au long de ma préparation à un périple comme celui-ci, je dois faire preuve de précision, de rigueur, et d'ordre.

Si je devais me qualifier à l'heure actuelle, je dirais sans hésiter : bordélique, dans la lune, hors du monde, hors du temps. Pour tout vous dire mon frère a un petit nom pour moi : dans les moments les plus critiques il m'appelle Gaston Lagaffe…

Voilà pour ce qui est de moi, maintenant, là en train d'écrire depuis des mois… Assise en face de ma cheminée dans ce fauteuil, mon ordinateur sur les genoux, mes cheveux en bataille. Voilà des heures que je n'ai pas bougé, les fourmis m'ont volé mes fesses. Mes jambes, elles, sont à l'arrêt, emprisonnées dans des couvertures. Mes yeux endurent des lunettes, le chauffage de mon vieux chalet ne fonctionne pas vraiment, la température intérieure est de 14 °C. J'ai horreur de devoir rester immobile.

Mais vous allez me dire qu'on ne peut pas écrire un livre en gigotant dans tous les sens.

Et là je vais vous raconter mon histoire, qui est l'histoire de l'histoire.

Avant de commencer, allez aux toilettes, buvez un bon coup et installez-vous. On est parti pour…

L'histoire de l'histoire

Pour ma défense, je commencerai par le fait que je suis Gémeaux, petit être du mois de juin.

Aimant l'imprévu, les surprises, l'inconnu, curieuse comme une loutre et flexible comme les saisons. Ma vie a commencé avec des choix. C'est comme si un jour on m'avait demandé de choisir une couleur, une seule, unique, sans pouvoir à jamais la changer. Moi j'ai envie de vous parler du rouge, du vert, d'un peu de jaune… et d'un soupçon de bleu-violet.

C'était le printemps, la mousse était belle, verte et spongieuse, imbibée d'eau ; les champignons tapissaient la forêt d'épineux, la lumière filtrait à peine par endroits. C'était le matin…

Je devais avoir huit ans lorsque je me suis éloignée de mon domicile en campagne jurassienne en compagnie de mon chien. J'avais décidé de partir à l'aventure dans une grotte à quelques kilomètres de là. Je m'y rendais pour y passer la nuit. Mes parents n'avaient bien sûr pas eu vent de mon envie. Ce jour-là a été le début de mes choix.

Mon enfance

J'adorais sortir de la maison familiale comme une furie en claquant la porte, pour m'adonner à un de mes challenges préférés : arriver à temps à l'école. Je partais trois minutes avant que la cloche sonne. Il me suffisait alors de courir le plus vite possible pour arriver les joues rouges, le souffle court, les poumons en feu au rendez-vous presque quotidien qui m'était imposé.

J'adorais l'idée d'aller à l'école. Mais dans cette terre jurassienne loin de tout, l'enseignement n'était pas à la hauteur de celui des villes. Finalement, je suis le fruit de cette loi naturelle qui bâtit les êtres à travers l'expérience, les rencontres, les échecs…

Je pense que la source de ma curiosité légendaire, de ma soif de vivre, de ma perpétuelle envie de découvrir vient d'un manque : durant tant d'années, j'ai eu soif de savoir, sans jamais ou presque recevoir de quoi boire. Tout cela pour vous dire que si vous passez dans le coin, ne vous arrêtez pas aux environs des écoles, mais continuez tout droit jusqu'à la lisière de la forêt, vous allez être émerveillé par sa beauté, ses doux contours, son vert et ses mousses. Parce que la vraie école de vie, c'est bien là qu'elle a commencé.

Ne vous étonnez pas de découvrir dans ce livre d'intéressants dessins venus tout droit du bout du monde, de ce village protégé, paisible au bout de la banquise jurassienne.

En marchant dans cette cordillère, je me suis souvenu de ce garçonnet, blond juste comme il faut, la tête en l'air, le crayon à la main, qui avait partagé ma classe juste une année. Mais surtout je me suis souvenu de son génie, de son monde qui était différent.

Durant l'expédition, j'ai demandé à ma maman de faire une investigation pour le retrouver. Deux mois plus tard, elle l'avait traqué, via la Belgique, la France… Puis par chance, ou grâce à un synchronisme parfait, le voilà de retour en terre helvétique à Genève. Un jour du mois de novembre 2006, j'ai pris mon téléphone :

– Salut, c'est Sarah, comment tu vas ?

On s'est retrouvés comme si les années qui nous avaient séparés n'avaient été que des jours.

Aujourd'hui, en lisant ce livre, vous pourrez découvrir sa sensibilité, sa vision et son monde à travers ses croquis… Un personnage qui a suivi sa légende personnelle, sa foi en ses visions, qui a osé croire en lui-même…

La course reprenait de plus belle lorsque la sonnerie de fin de journée retentissait dans le préau. Comme si la fillette s'imaginait prendre le départ d'une course hypothétique. Le cartable dans le dos, elle gigotait des bras pendant que ses longues jambes mangeaient de la distance. Sur le passage, elle n'oubliait pas de saluer la première maison sur sa gauche, presque cachée par une haie de grands arbres, puis juste avant une petite descente, elle savait que les habitants du coin se trouvaient là sur un banc. Sans s'arrêter, elle leur sortait un «bonjour» époumoné par l'effort. Sur son trajet de retour, ce qu'elle affectionnait le moins, c'était cette montée interminable qui bientôt s'annonçait. Pour l'oublier, elle cherchait du regard le chat, oui, le chat jaune et blanc de la maison de droite, celle aux volets verts, puis les moutons du voisin s'effarouchaient de la voir passer aussi vite, alors, ils s'enfuyaient dans tous les sens, ça l'amusait. Mais elle aimait par-dessus tout dire un grand bonjour à sa voisine qui depuis toujours lui répondait avec un petit mot et un geste amical. Elle l'impressionnait beaucoup, spécialement en hiver, lorsqu'elle ne changeait pas sa garde-robe: la voisine portait inlassablement sa robe-tablier à fleurs. Elle était insensible au froid, dure comme un roc. Je parle au passé, mais figurez-vous qu'elle est toujours là, à rendre service avec son sourire sympathique et sa robe-tablier. J'en profite pour te saluer!

Elle déposait alors son cartable dans sa chambre, puis continuait sa course folle jusque derrière la maison, là où se trouvaient tous ses amis – poules, lapins, canards, chiens, chats... Voilà comment sa vie de petit être s'est écoulée délicieusement.

Elle ne pouvait pas supporter de les voir enfermés. Alors quand la maisonnée était tranquille, elle sortait les poules clandestinement dans le jardin, rayon salade. Cela ne plaisait bien sûr pas à tout le monde.

Elle provoquait des rires dans le quartier lorsqu'elle promenait sa grosse poule blanche à la crête bien ferme, une ficelle attachée à l'une de ses pattes, comme une laisse.

Puis, les séjours en forêt se sont succédé – il faut dire qu'elle n'était pas très loin de la maison – avec ses frères et copains. Ils avaient pris la peine de baptiser chaque arbre, les identifiant en tant qu'«arbre-escalier», «arbre en V», «arbre-tour», etc.

Puis vint la période de ses recherches personnelles, des recherches touchant à ces secrets que les grandes personnes ne veulent pas divulguer aux enfants parce qu'ils pourraient ne pas comprendre. Indépendante, elle allait élucider ces petits mystères de la vie seule. Et c'est encore seule qu'elle trouva une alternative au manque de cours d'anatomie masculine.

Cette après-midi-là, sa maman l'avait à l'œil : elle avait remarqué qu'elle avait cueilli des pruneaux bien mûrs dans le pré. C'est pour cette raison qu'elle s'interrogea sur son absence prolongée. Maman attentive, elle la retrouva non loin de là sans trop comprendre la scène dans laquelle elle avait fait irruption.

Le petit garçon, deux ans plus jeune qu'elle, se tenait là, la culotte en bas, laissant apparaître les prémices de sa virilité. « Remonte vite ta culotte ! », dit-elle, un peu chiffonnée par cet enfant nu en face de sa fille. Plutôt timide, celui-ci se défendit de la situation en pointant du doigt sa fille à deux pas. Celle-ci entra dans une explication qui eut le mérite d'être claire et courte : elle avait offert des pruneaux en échange d'une possibilité de voir le petit oiseau du garçonnet.

Ma très chère mère, je peux te rassurer, je ne propose plus de pruneaux aux jeunes hommes que je rencontre… laissant derrière moi une jolie et innocente histoire d'enfant curieux. Eh oui, je peux vous dire que les enfants ne croient pas à vos mauvaises histoires de choux et de cigogne.

Cogoti… pas naturel, et cela se voit

De loin, cette tache turquoise me fait penser à une grande flaque de produit de lessive liquide. Je n'arrive pas à détacher mes yeux de ce volume d'eau, autour de moi tout est sec, aride. La roche n'est plus du tout protégée par ces quelques buissons difformes, elle est à nu.

Cette vallée a été inondée dans les années 1950, laissant place à ce gigantesque réservoir d'eau douce. L'eau lèche la roche nue, mais ce n'est pas une histoire d'amour. Aucune forme végétale ne va naître de cette union forcée, pas même une mousse ou toute autre forme de vie. Le décor est brut, sculpté dans cette masse uniforme, grise, dégageant une sensation de force, de désolation. En contrebas une dizaine de petites cabanes en bois sont flanquées là, mal disposées, elles m'apparaissent comme des dés jetés avec négligence.

La température est imposante, je m'approche, le vent accompagne mes pas par rafales, j'essaie de mépriser ses caresses poussiéreuses, son odeur persiste dans ma mémoire olfactive.

Je peux te voir toi ! Le vent vagabond. Tu es libre de toute enveloppe, tu me rends jalouse, envieuse de ta vitesse et amoureuse de tes acrobaties. Tu es là, ton odeur est précise – sèche –, amie pénétrante. Depuis le hameau, on me regarde, me dévisage. La dernière « casita » est un cabanon de bois peint d'un bleu turquoise lumineux qui fait concurrence au bleu du ciel.

Almacen (petite épicerie) du village

L'unique ouverture est un volet maintenu par un morceau de bois ; je m'accoude à cette fenêtre comptoir, mes yeux ont du mal à s'adapter, passant de la luminosité de midi à l'ombre de cette tanière.

Je pose mon sac, enlève mon chapeau, mes lunettes, je prends la peine d'éponger ma sueur, discrètement, mes moindres gestes sont surveillés.

Elle m'observe les sourcils froncés, les mains sur ses hanches, ses yeux fixent sans émotion, donnant une impression de profondeur abyssale.

– Vous voulez quoi ?

Je reprends à peine mes esprits, mes yeux discernent à présent l'intérieur de la cabane. Une quinzaine d'articles en tout genre sont suspendus.

– J'ose vous demander des galettes de pain frais ?

– Il n'y en a pas aujourd'hui.

– Des fruits ? Légumes ?

– Non, me répond-elle, tout en pestant, impatiente de mon départ annoncé.

Ma présence est insolite dans cette région isolée. Aussi, avec une curiosité soudaine, les femmes sortent naturellement de leurs maisonnettes pour se procurer l'indispensable ingrédient qui tout à coup leur manque.

Elles me font rire ; gardant une attitude fière, elles font la queue devant l'épicerie. Je me suis effacée naturellement, mise de côté. Tout en patientant, ces femmes m'ignorent comme si j'étais devenue ce vent indésirable. Je décide d'attendre mon tour, mon sac à dos posé contre la façade de bois, je m'assieds et laisse mon regard se fixer dans le vide. Indépendamment de ma volonté et de ma fatigue, il s'accroche à une scène accessible. Et c'est bel et bien sur les jambes de ces dames qu'il s'arrête. Le mouvement des jupes semble bercer mon regard qui est maintenant suspendu, les détails l'obnubilent. Mes yeux scrutateurs découvrent les tissus sans finesse, les ourlets défaits par endroits, accordant à leurs jambes fines le rôle de tringles à rideau. Je les sens m'observer, les plus âgées osent me dévisager, les enfants, eux, se cachent derrière la voisine pour mieux me voir. J'ai vraiment l'impression d'être la girafe du zoo.

C'est discrètement qu'une femme s'est approchée, avec l'idée de m'inviter à boire une tasse de thé chez elle. Son visage est marqué par le soleil, les rides de son âge sont là, sans y ôter son charme. Ses deux petites tresses grises lui tombent sur les épaules, ses yeux malicieux et pleins de vie lui rendent sa beauté de jeune femme. Sa jupe lui tombe sur les mollets, des sandales en plastique usées laissent de petites empreintes sur le sol, des superpositions de pulls de différentes couleurs complètent son habillement.

J'accepte son invitation et me rends chez elle en sa compagnie, à quelques mètres de là. Elle pousse un grillage grimaçant et asymétrique, chassant les quelques poules déplumées venues à sa rencontre. Une bâche bleue usée fait office de porte d'entrée, elle m'indique du doigt une vieille chaise qui m'est destinée. Autour de moi – j'ai du mal à me rendre compte – des tonneaux remplis d'eau sont entreposés, laissant quelques gouttes à la minute s'écouler du tuyau nourrisseur. Un foyer fume à même le sol, un lit aux armatures métalliques dans un recoin supporte de vieilles couvertures de différentes époques. Sous la table laquée d'un ivoire gorgé de poussière, un gros chien jaune somnole, son âge est honorable. Avec un pas ralenti mais sûr, elle se met à préparer un bon thé sucré.

Durant le temps de préparation, on discute, elle ne cesse de s'activer, le thé est prêt. Elle a décidé de s'occuper des pommes de terre qui ont eu droit à un déshabillage en règle. Puis d'un geste rapide et répétitif elle a arrosé d'un revers de main le restant des légumes. L'eau utilisée est brune, elle provient d'une bassine en plastique, douteuse.

– Tu es grande, me dit-elle en levant enfin les yeux.

Je souris, ne sachant que répondre.

– Tu sais, les gens ici sont de petite taille, mais ils ont un grand cœur (elle se met à rire).

Elle remplit la casserole d'eau, y ajoutant patates, maïs, haricots, courge, puis vient me rejoindre pour partager un morceau de fromage (denrée de luxe). Le temps file, elle me serre très fort dans ses bras et me prie de revenir la voir s'il m'arrivait de repasser par là un jour.

Une heure plus tard je repars, je me suis de nouveau présentée à la fenêtre de l'almacen, l'épicière m'a rendue heureuse en me laissant la possibilité d'acheter des galettes de pain frais pour trois jours, du raisin magnifique, deux tomates fraîches, de l'ail, une boîte de thon et un soda orange fluo tiède que j'ai ingurgité sur place. Mon histoire s'est mêlée à leurs vies naturellement, l'espace d'un instant, mais dans leur mémoire je resterai la femme sans mari, marchant seule, sans âne pour l'accompagner.

Mes muscles me parlent toujours, cela fait vingt jours que je me suis extirpée de ma vie d'avant pour commencer celle-ci. Je l'aime, même si c'est encore dans la douleur que je cherche mes pas… La nuit tombe, les chiens se bagarrent au loin, l'eau emprisonnée dans ce grand tuyau de pipeline me berce, je m'endors comme un bébé repu.

Voilà plusieurs jours que je n'ai croisé personne, la chaleur a changé mes horaires, je me suis réveillée à 4 heures du matin pour profiter de la fraîcheur matinale. J'aime ces moments sereins où la nature s'éveille. Il est déjà 7 heures, je suis à l'entrée d'un grand village, le cours d'eau principal se tortille en créant des bras et des jambes supplémentaires qui m'empêchent de suivre ma route.

J'ai essayé de traverser ces différents affluents sans vraiment trouver de passage possible; je décide alors d'entrer dans le village pour bénéficier des ponts et ressortir aussitôt.

Une station d'essence délivre le premier plein de la journée, je croise un cycliste encore endormi, je laisse derrière moi un panneau de bienvenue délavé et rouillé. J'interpelle le premier passant, tout en lui souhaitant le bonjour.

– Où puis-je prendre un bon café brûlant?

Encore somnolant, il hausse les épaules sans comprendre; indifférent, il reprend son chemin. À trois cents mètres je découvre un parc vert avec de grands arbres, des gens se glissent hors de toiles tendues ici et là. Des chiens se promènent, des enfants jouent dans le ruisseau. J'arrête un grand gaillard, typé.

– Bonjour, je cherche un endroit pour boire un café.

– Tu veux un café ? Viens dans ma buvette, je te l'offre.

Ce matin-là, j'ai bu un café en compagnie de neuf autres personnes, toutes pensionnaires de ce camping gratuit. L'odeur de l'urine était dans l'air, deux femmes ont commencé de laver leurs longs cheveux noirs dans le ruisseau, les gens à côté de moi parlaient de plus en plus fort, la musique s'intensifiait.

Je suis là, dans ce village anonyme. Assise, un café entre mes mains, brûlant mais ô combien réconfortant. Je me sens en vie. Le temps s'arrête. Je sens l'agitation autour de moi. Arborant un grand sourire, mon bienfaiteur dépose sur la table un morceau de fromage de chèvre lové au creux d'une vieille assiette à soupe, un morceau de la veille colle encore au couteau. Il m'en coupe une tranche en la couchant sur une petite galette de pain frais. Merci à toi, Chilien du matin.

J'ai l'impression d'être au bout du monde, dans un espace-temps fixe comme s'il n'existait ni d'avant ni d'après. Je Suis… Je souris intérieurement, j'aime cette sensation de nomadisme, de n'appartenir à aucune terre, aucun lieu précis. Sans le savoir, ces gens m'ont créé un cocon humain, doux, l'espace d'un instant.

Le fait de penser que l'on vit tous une réalité différente me subjugue. De prendre conscience que l'on a tous une perception différente, liée à son vécu, me paraît tellement irréel. Savoir que chacun porte un regard différent sur un même événement me fait comprendre dans quelle fourmilière je suis plongée. Ces milliards d'individus tous différents et uniques me font espérer. Ma tasse est vide, je perçois en fond la musique, l'odeur de l'activité humaine… Le vent se lève : c'est le signal du départ, je m'éloigne ; m'extirpant de ce mouvement, je prends la direction des hauteurs.

La cordillère…

La majestueuse présence de ces hauteurs rend petit tout mouvement à la base de celles-ci.

Ces courbes se dessinent comme un découpage aux lignes parfaites dans un ciel bleu d'ici. Le vent s'amuse de ces creux, de ces tendres entrecuisses, de ces proportions parfaites qui relient le ciel et la terre, calmant les dieux un instant.

Les étoiles naissent une à une, une fois encore dans un ordre défini.

Mes yeux m'empêchent de voir, mon cœur connaît, mes sens reconnaissent.

Frontière Chili – Argentine

J'arrive enfin vers le point que je me suis fixé le plus à l'est possible. D'ici, je vais entreprendre une ascension nord à nouveau, pour passer mon premier col en haute montagne, il était temps. Ce village à quelques kilomètres de la frontière argentine est perdu au bout d'un couloir de crêtes gigantesques. J'ai presque la sensation de ne pas pouvoir respirer, ces parois sont à pic et oppressantes.

J'arrive à Guanta. Je tourne dans tout le village, je ne trouve aucun habitant, pas même une personne âgée qui lézarde sur un banc. Le village accueille une cinquantaine d'âmes et pourtant pas une d'elles ne sortira. Je trouve l'almacen, il y est inscrit sur un bout de papier : ouverture dès 17 heures. J'attendrai, je n'ai pas le choix, j'ai besoin d'eau avant tout.

Je ne trouve pas de coin à l'ombre, pas un seul arbre sous lequel j'aurais pu croire à une sieste réparatrice. Je finis au bord de la route à l'abri du soleil dans l'arrêt de bus, oui je dis dans… parce que c'est une cage de béton. Je pose mon sac, me déchausse et m'allonge sur ce béton presque frais.

Mais cette fois-ci il y a urgence. J'ai une envie pressante, je dois aller aux toilettes depuis bientôt trois heures maintenant. Je n'ai rien trouvé, pas même un petit recoin caché. Je prends mon courage à deux mains et tel un vieux chien baroudeur, j'urine derrière l'arrêt de bus. J'ai dû m'y reprendre à deux fois, un pick-up rempli de travailleurs a déboulé de nulle part.

Il est 17 heures, je remplis mon sac de victuailles, mais avant tout d'eau. Je pars pour la première fois dans ce méli-mélo de hautes montagnes, je ne sais pas ce qui m'attend, j'ai des cartes au 1:250 000 seulement, l'aventure peut commencer. Je suis impatiente.

Premier col

Je pose mon camp tard ce jour-là. J'ai suivi une piste en gravier pendant une heure puis plus rien. Je vais utiliser les plis de la montagne, ses gorges et ses combes, tout en essayant de ne pas la contrarier, mais de la comprendre. J'ai l'exaltation d'une enfant, tout cela me fascine. Jusqu'ici c'était pour moi un temps d'adaptation, maintenant j'entre enfin dans le vif du sujet.

Je monte doucement, j'ai un chargement de 30 kilos sur le dos. Je m'arrête un peu plus qu'à mon habitude, je déguste ces moments d'initiation. La roche est nue à nouveau, il n'y a rien, que des cailloux de différentes grandeurs. Je passe un cabanon de pierre, il est en ruine, esseulé, le toit ne le protège plus.

Je découvre la gorge qui va me permettre d'accéder au col.

Elle se laisse câliner par un joli ruisseau, je goûte l'eau qui est glacée, elle vient des montagnes enneigées. Je me fais un petit thé comme à mon habitude. Moments de délectation. Le bruit de l'eau est dominant, le soleil tape fort.

Je vide mes réservoirs d'eau, je vais compter sur la fidélité de ce ruisseau pour m'hydrater, je prends le pas.

Soudain, en face de moi, une paroi rocheuse s'impose. Le soleil m'empêche de voir dans un premier temps un passage possible, la luminosité est zénithale. Le petit ruisseau dévale, par cascade, il sautille, se faufile si facilement jusqu'à mes pieds. Je pense qu'il peut me servir de guide, et par conséquent un passage sera possible. C'est alors que commence ma remontée reliée à lui, comme à un cordon ombilical.

L'ascension me demande bien des efforts, le passage est étroit, mon cœur tape fort dans ma poitrine. Par endroits seulement des herbes coupantes de deux mètres de haut bloquent mon avancée, je les traverse, m'extirpe de là. Le passage étroit est souvent ombragé, laissant assez de temps à ces élégantes pour pousser librement. Je les hais, mais elles sont surprenantes, on ne voit qu'elles. De gros blocs de pierre se sont engouffrés dans ce passage au fil du temps. Ce jour-là je vais devoir traverser le ruisseau six fois, le slip mouillé, des coupures plein les bras. J'arrive enfin en haut de ce passage difficile. Ici, c'est presque plat, un autre monde, le sol est tapissé d'herbe verte rase. Le ruisseau se languit délicatement. Des deux côtés, des sommets. Au loin, d'autres sommets orientés différemment, je fais un tour sur moi-même, ils sont partout, je suis encerclée de sommets, certains sont enneigés, d'autres juste à la limite. Il est tard, je pose ma tente. Je suis fatiguée, mes poumons me brûlent, mes gestes ne suivent plus ma pensée. J'urine autour de mon camp, précaution utilisée pour marquer mon territoire (les habitants de Guanta m'ont informée de la présence du puma). Au moment de rentrer à l'intérieur de ma tente, je marche dans ma barrière à puma. Je m'affale dans ma tente, rigole un bon coup et m'endors aussitôt, la chaussette humide.

Au petit matin, je rencontre de la caillasse plus grossière, plus brute encore, l'hostilité des lieux se fait sentir, les nuages qui s'imposent dans le ciel circulent à une vitesse impressionnante qui ne me dit rien de bon. Ce matin, mes jambes ne veulent plus, je les comprends, l'effort de la veille a été soutenu.

Je monte progressivement et lentement: en effet je remarque que je dois m'arrêter tous les trois cents mètres, mes jambes manquent de puissance. Je me sens barbouillée de l'estomac, j'ai du mal à reprendre mes esprits, je force et garde une certaine cadence, j'ai l'intention de passer ce premier col à 3 800 mètres aujourd'hui.

Je suis dans un état d'esprit interrogatif, devant moi le sol est recouvert sur 200 mètres de gazon andin. Cela s'apparente à une structure naturelle similaire, sur beaucoup de points, au gazon artificiel qui tapisse le balcon de trois mètres carrés de votre voisin. Celui-ci est d'un vert lumineux intense, je le soupçonne d'être animé d'une onde traversante, donnant un sens à ce tapis d'ondulations d'une perfection inhumaine. Je pose tout, je reproduis la position de la grenouille, je fige à jamais cette petite fleur qui s'est imposée majestueusement sur ce « green » d'altitude. À son insu son teint safrané est net et juvénile, « ta beauté ne fut pas sans but, tu m'as séduite ».

Soudain je l'entends, le tonnerre claque au loin, l'écho le guide jusqu'à moi. Le temps que je prenne mon cliché, le ciel s'est couvert de sinistres nuages noirâtres, ils sont là, imposants, se déplaçant à grande vitesse dans ma direction. J'avais oublié qu'à cette altitude tout peut être si changeant, même en plein été. Je me précipite sur mon sac, et fonce en ligne droite sur un petit bosquet dégagé des sommets à un kilomètre à peine de ma position actuelle.

J'y suis, ma tête tourne, j'ai peut-être un peu trop forcé le pas, et soudain des sueurs froides s'emparent de moi. Penchée en avant, les mains sur les genoux, je respire profondément, mon estomac sursaute… trop tard je vomis.

Le son me parvient, il est assimilé par mon esprit à une résonance métallique aiguë et pourtant je suis loin, très loin, de la réalité.

Je sais que le temps m'est compté, je m'essuie un peu et me remets tant bien que mal en mouvement. Je monte ma tente le plus vite possible et m'engouffre à l'intérieur. À la seconde près, la pluie s'est déchaînée, le tonnerre pris en otage dans ce cirque naturel ne cesse de se débattre tel un lion pris au piège. Les sommets aux casques blancs se sont octroyé le grade extrême. Sous les yeux de ces légionnaires le tonnerre redouble. Il déchaîne ses colères à quelques secondes d'intervalle seulement, la cadence est soutenue, je suis recroquevillée sur moi-même, je l'écoute, sa colère est encore grandissante, mais je sais aussi que cela ne peut durer… Quelques minutes plus tard la grêle s'abat sur ma tente. Pour une intimidation finale, la neige prendra la relève. Je ne sais pendant combien de temps, car je me suis endormie épuisée. Le bruit sur ma toile de tente s'est arrêté, le silence m'a réveillée, j'ouvre doucement la fermeture Éclair, je sors seulement la tête de l'orifice, le spectacle qui m'attend est impressionnant : tout est blanc, près de dix centimètres de neige recouvrent le sol aussi loin que mes yeux peuvent voir, le ciel est empreint d'un air nouveau. Cette chemisette de soie blanche lui va si bien, la cordillère me semble moins angulaire, étonnamment plus accessible. La température a chuté, passant de 30 °C à quelques degrés seulement. J'ai froid, je me sens faible.

C'est à mes yeux un avertissement, les Andes ne sont pas à prendre à la légère. Je serai désormais fille de ces hauteurs, l'apprentissage ne fait que commencer.

Tout bas, elles m'ont soufflé «Bienvenida».

Le lendemain

Je suis impatiente de passer ce col, je me suis levée tôt, je bois un bon thé chaud et commence cette ascension pas à pas. Pendant ce temps, le jour se lève…

Je comprendrai ce qui m'arrive seulement après le deuxième malaise du matin. Je constate que le mal d'altitude me surprend déjà à cette faible hauteur. Il va m'épouser sans mon accord, pour une relation à long terme.

J'ai dû manger du beurre de cacahuète pour me donner un peu d'énergie. C'est seulement vers midi que j'accède au sommet de ce premier col à 3800 mètres.

Une sensation de petitesse, d'infini me monte à la gorge… Je reste bouche bée devant le spectacle qui s'impose à moi. Des montagnes blanches s'étirent, à leur pied s'effilochent des teintes ocre, terra cota, ivoire. Le ciel, lui, se tisse de nuages indécis.

Le haut du col ressemble à un observatoire, d'ici je vois sans imaginer; assise sur mon sac, je me délecte de ce paysage. Soudain une ombre m'a recouverte, puis a disparu, je lève instinctivement les yeux pour me retrouver éblouie par le soleil. Je souris. Oui, il m'a bien eue.

C'est une technique de chasse employée par les rapaces, entre autres. Ils attirent l'attention en passant de tout leur corps devant le soleil puis au moment où leur proie curieuse lève les yeux, elle se retrouve éblouie à ne plus voir. Il leur reste alors quelques secondes pour s'abattre sur la victime. Le petit lapin qui n'a pour toute défense que le repli dans sa tanière se laisse piéger plus souvent qu'à son tour.

Je souris, me protège les yeux avec ma main, mais déjà il est remonté, je n'en perçois que son envergure gigantesque, les cercles lents qu'il dessine sans fin me laissent hypnotisée par leur lenteur régulière.

Il est le guide, le protecteur, je le salue de mon cœur à son cœur, et le remercie de sa visite. Toi le condor… «el condor pasa». J'ai depuis toujours cette vision protectrice de la nature. Ce monde est comme un deuxième monde pour moi, je m'y sens bien, tout est clair, si clair d'ailleurs que j'aurais tendance à m'y attarder un peu. C'est ma résidence secondaire.

Les Indiens d'Amérique du Nord parlent de leur guide, de leur totem à travers les animaux. Les Aborigènes d'Australie parlent, eux, des serpents, lézards, kangourous, etc., comme de véritables entités. Et bien d'autres peuples sur cette planète ont fait le lien entre ce monde dit animal et l'homme.

Ne serions-nous pas assez sensibles, ou sommes-nous démunis de recherche spirituelle, nous, «l'Homme dit évolué»? Avons-nous perdu toutes nos racines qui nous relient à la terre?

La peintre Frida Kahlo se représente sur une de ses toiles ancrée à la terre par des racines qui partent de son ventre.

Ces sujets restent tabous, on impose l'idée que l'homme est supérieur aux animaux, mais ne seraient-ils pas tout simplement sur la même échelle?

Ce n'est pas parce qu'il n'y a pas un langage similaire que les animaux sont inférieurs.

Théodore Monod

Descente du col

Mes jambes s'amusent, se laissent aller dans cette pente, j'ai l'impression que cela ne s'arrêtera jamais, cela m'égaye. Je rigole de ces grosses pierres, obstacles que mes jambes évitent : elles se relâchent comme des pantins sans commande, elles descendent. Je dois m'accrocher à ce gros caillou pour pouvoir vraiment stopper cette course folle. Je mélange rire et respiration haletante, je distille avec soin cette essence de libération, j'aime être dans cet état d'allégresse. Je me pose et machinalement me prépare un thé. Je n'ai vu personne depuis des jours, j'honore cette solitude. Boire un thé pour moi est un rituel, un petit instant de bonheur contemplatif…

La neige, au fur et à mesure que je descends, s'estompe ; la caresse du soleil la modifie, un ruisseau nourricier se forme. Des verts, des rouges, des bleu acier habillent la mousse, la terre, l'eau qui file sans vouloir s'attarder. Mes pieds sont réjouis, le plat est presque là, je ne ralentis pas malgré les centaines de chèvres qui m'entourent. Elles inondent le paysage, laissant l'œil angoissé par le nombre. Je le cherche du regard, il ne doit pas être loin.

– Toi ! Le gardien de ces dames.

Aussitôt dit, le voilà qui vient à ma rencontre sur un cheval, je le distingue à peine. On se croise, le chevrier monte à cru, un grand sourire lisse ses lèvres, un chapeau souligne son regard rieur, ses vêtements ont été assemblés dans les règles de l'art, mais cela doit remonter à longtemps. On discute, sans qu'il descende de son cheval, il m'invite à venir chez lui en contrebas. Il parle peu, il m'observe mais ma destination l'interpelle.

– Où vas-tu ?

– À Saint-Félix.

– Tu ne peux pas par là, il n'y a pas de passage…

– Ne t'inquiète pas je trouverai.

Il baisse son chapeau en signe d'adieu.

Deux heures plus tard, j'ai dépassé sa cabane de pierre, un petit détail pourtant m'accroche le regard. Je plonge ma main dans la poche supérieure de mon sac, je prends mes lunettes d'approche, et je découvre ce qui a attiré mon œil quelques secondes auparavant.

Ce scintillement vient d'une aile d'avion: la carcasse démembrée fait office désormais de salon de rencontre à ces dames aux parfums mémorables. En ce qui concerne les ailes, eh bien elles servent de portes robustes et inespérées à l'enclos des chèvres. À un jet de pierre de là, quatre gilets de sauvetage sèchent secrètement sur un muret.

Je ne veux pas savoir ce qui s'est passé ici, je file, il n'y a personne d'autre apparemment. Pas même du feu dans la cheminée. Sa tanière se trouve au croisement de deux rivières. Ici nous sommes dans la cordillère, les sentiers et les pistes sont inexistants à des kilomètres. Les nuages se reforment avec une humeur noire. Un brouhaha me fait sursauter, le spectacle auquel je vais assister sera à jamais imprimé dans ma mémoire. Du haut de la montagne une cinquantaine de chevaux dévalent la pente presque en ligne. En tête, le cavalier crie tout en assurant la frénésie de ces compères, le galop est effréné, il hurle d'exaltation, il joue avec ces bêtes, il donne tout, son chapeau sursaute désormais sur ses épaules, retenu par une ficelle. Les chevaux se sont regroupés dans le fond de la vallée, proches de sa cabane, les naseaux dilatés, ils sont heureux de leur cavalcade. D'un petit trot gracieux, il s'approche de moi, une énergie forte se dégage de sa personne. Il me propose de me prêter un cheval, pour me rendre à Saint-Félix. J'en aurais bien besoin d'après lui.

– Mais si on parlait de tout cela devant une tasse de thé ?

Il a un sourire ravageur. Son âge est difficile à estimer. Trente-cinq ans peut-être, ses cheveux sont noirs, lumineux, il les porte mi-longs. Dans ces moments-là, je regrette d'être une femme. L'homme que j'aurais pu être aurait accepté cette invitation et passé un moment magnifique en sa compagnie. Mais la femme que je suis va devoir être plus prudente, l'isolement a des bons côtés et d'autres plus difficiles à vivre. Je le remercie infiniment et prétexte le mauvais temps à venir pour m'engouffrer seule dans la vallée du Río del Carmen.

Le canyon de Río del Carmen

La vallée est chapeautée par ces crêtes blanches qui apparaissent par alternance, le Río del Carmen n'est pas très large ni remuant. Ses berges sont presque planes, une gentille petite vallée. Je n'ai croisé personne ni aucune maisonnette, il n'y a pas d'autre activité humaine dans cette région. L'orage a décidé de rester accroché sur les sommets, ne restituant que quelques gouttes insignifiantes. Je pose mon camp, cachée derrière des buissons ne dépassant pas la hauteur de ma tente. Comme à mon habitude, j'ai le nez collé sur ma carte topographique pour débusquer les subtilités du tracé du lendemain. Je vais devoir suivre ce ruisseau jusqu'à Saint-Félix, le premier petit village au pied de la cordillère. Je vais pouvoir me ravitailler là-bas. Il me reste 42 kilomètres à parcourir, en deux jours, je pense pouvoir le faire. L'état de mes réserves peut me nourrir encore trois jours.

Le lendemain, confiante, je me lance dans cette descente de vallée. J'aime toute cette eau, c'est tellement inhabituel pour moi, mes terrains de prédilection ne recèlent jamais d'eau si abondamment : les déserts restent des lieux peu hydratés.

En milieu de journée, je change de rive, je découvre des traces de chevaux pas ferrés, certainement le troupeau du chevrier/gaucho. C'est donc sans souci que j'empreinte ce petit sentier bien entretenu par des dizaines de sabots. Soudain le sentier s'arrête, en même temps une barrière naturelle de bouts de bois accumulés bloque tout accès au reste de la vallée. J'observe et réfléchis, cherche pour quelle raison tout s'arrête ici. J'enjambe la barrière et me retrouve à continuer ma progression. Je remarque en fin de journée que la vallée s'est sensiblement rétrécie.

Voilà le début d'un enchaînement d'événements imprévisibles. L'eau a décidé de contourner un pan de rocher, je l'ai suivie puis naturellement la vallée s'est rétrécie, le ruisseau va alors se faufiler parmi ces roches. Je vais devoir faire de même, rendant difficile le fait de progresser à ses côtés. En peu de temps, je me suis rendu compte dans quelle galère j'ai mis les pieds. Des deux côtés, les parois rocheuses lui collent au flanc, les berges ont disparu, la roche tombe à pic dans son eau glacée, rendant sporadiquement la traversée impraticable.

Le canyon a la forme d'un « V », des éboulis se sont produits au fil du temps, laissant le fond du canyon « mal rangé », sens dessus dessous avec des rochers de grandeur différente qui s'entremêlent et se chevauchent. Il y a des molosses, certains blocs atteignent deux fois ma hauteur. J'arrive à retenir mes chevilles sur certains passages, mais elles se tordent quand même. Je me sens bizarre, je fonce, avance, grimpe, évite, contourne, monte dans ces pierriers. Le ruisseau de deux mètres de large décide de zigzaguer et de n'en faire qu'à sa tête. Les montagnes le suivent et se referment encore et encore, ne me laissant plus le choix. Je vais devoir escalader.

Je me sens bien, je m'agrippe avec mes mains sur le sol pour monter, je regarde sans cesse sur ma droite en espérant qu'un passage se profile, j'atteins la hauteur de 30 mètres, je choisis un petit rebord sur la roche pour passer de l'autre côté de cette formation difforme qui ressemble sur beaucoup de points à un couteau géant. Dans un mouvement un peu moins contrôlé, le haut de mon corps se retrouve happé par le vide. Déstabilisée par mon sac à dos, je vois le sol tourner, l'eau en contrebas semble m'appeler. Je me replie sur moi-même, me crispe et arrive in extremis à me ressaisir et me stabiliser. Je me retrouve telle une ventouse, le ventre plaqué au rocher. Je reste plusieurs secondes dans cette posture, les yeux fermés, le visage contre la roche. Mon corps tout entier tremble, mes jambes sont chancelantes, mes bras en croix. J'avance centimètre par centimètre, j'utilise mes doigts pour sentir les moindres rebords suffisant à une prise. Je m'accroche en me concentrant sur chaque mouvement, contrôlant ma respiration et en intégrant mon esprit à la conscience du terrain. Je pose enfin mon pied hors d'atteinte du vide, je m'assieds, me mets en boule, repliant ma tête dans mes genoux. Je remercie ce rocher de m'avoir laissée passer. Après cette expérience, j'envisage de me jeter à l'eau avec mon sac à dos comme radeau de protection que j'aurai préalablement enveloppé dans un grand sac plastique que je transporte à cet effet. Cela serait bien plus rapide, mais l'eau a quelques degrés, je me retrouverais très rapidement en hypothermie. J'y renonce et prends mon mal en patience, même si je garde cette option en tête en cas d'urgence.

Je deviens de plus en plus claustrophobe, je trébuche, mes jambes ne veulent plus se soulever, elles n'en font qu'à leur tête. Il est 16 heures, des nuages douteux viennent balayer le sommet. Trente minutes plus tard le tonnerre se met à se déchaîner. C'est à cet instant que je fais une association de faits entre les buissons carbonisés et le ronron mesquin de ce one-man show en séance de vocalise. Le spectacle peut commencer : l'artiste est prêt.

Les éléments sont en colère, le vent, la pluie, les éclairs. Ces derniers apparaissent seulement à celui qui regarde ; ces éphémères visions laissent pour seule trace un éclair fantôme accompagné en duo par des détonations dignes d'un bombardement. J'ai monté ma tente en un temps record au beau milieu de cailloux magnifiques. Je joue la carte de la chance, la foudre peut me tomber dessus à tout moment. J'ai fait attention à tous mes objets métalliques, je me mets en boule, j'attends. Pendant ce temps, la nuit tombe.

Lorsque le son des déflagrations cesse enfin, je m'extirpe de ce cauchemar, la bouche pâteuse, les paupières lourdes. La nuit est claire, rajeunie, l'air est dépourvu de tension comme après un pardon, les étoiles fidèles sont là, chacune à sa place encore une fois. J'oublie tout et souris à cette voûte céleste. Épuisée par cette journée interminable, je plonge dans un sommeil profond.

Les jours qui suivent vont me laisser le même goût dans la bouche.

Les avalanches de pierres ne m'ont pas poursuivie plus loin, en contrepartie les traversées de rivière ont pris le relais : aujourd'hui j'en compte six.

Il est 16 heures, la vallée s'élargit comme par enchantement. Je progresse tel un zombi, mes muscles ne répondent plus aux ordres, je marche tel un pantin, je ne réalise pas tout de suite, j'avance, mon esprit regarde devant. À un moment, une piste s'interpose. Dans le silence, je laisse glisser mon sac au sol. Je me laisse choir contre celui-ci et réalise que ce calvaire est enfin terminé, voilà six jours que je lutte. Ma vie n'a tenu qu'à un fil plus d'une fois. La tension tombe, je suis comme vide, lourde. Le reste ne m'importe plus, il n'y a que la faim qui me rapproche de la réalité : je la ressens à nouveau, cela fait trois jours que je n'ai rien avalé. J'ai produit un effort de quinze heures par jour aveuglément dans le seul but de sortir d'ici.

La faim

Je pensais l'avoir oubliée comme une maladie dont on arrive à se débarrasser. Mais malgré moi, elle m'a délibérément marquée.

L'expérience de survie en Australie a modifié ma perception de ce mécanisme.

Si on prend un peu de recul… de quelques pas… et que l'on regarde l'être humain avec un objectif grand angle, un constat s'impose : basiquement, il doit boire, manger et évacuer.

Voilà comment fonctionnent les *Homo sapiens* que nous sommes. Le reste est de l'ordre du confort.

Mais lorsque l'on touche de près ces trois points, la vie devient plus profonde dans un manque de complexité.

« Ventre affamé n'a point d'oreille. »

Je reprends mes esprits. Au loin je vois un paysan qui travaille la terre. Je cours dans sa direction, la faim m'obnubile. J'arrive à sa hauteur, il n'a pas peur et ne bouge pas d'un centimètre. Je le regarde droit dans les yeux et lui dis d'un ton sec :

– J'ai faim.

Sans me répondre il laisse glisser sa main dans son sac de jute tout en gardant un œil sur moi. Il en ressort deux belles galettes de pain frais. Telle une offrande, il me les donne, noblement, comme un don du ciel. Les yeux perdus face à cette générosité, je pousse le pain dans ma bouche pour combler ce trou béant que supporte mon estomac. Le spectacle ne doit pas être très élégant à voir, poliment il se retourne. Je reprends mon souffle pour le remercier du fond du cœur.

– Tu viens d'où ?

– Du canyon là-bas.

– Río del Carmen ? Non pas possible.

– Si, si, le Río del Carmen.

Il me fixe de son regard noir et comprend. Sa voix monte d'un ton, il devient vite incompréhensible à mes oreilles.

Je ne comprendrai que plus tard la raison de son inquiétude : cela fait longtemps que son peuple ne passe plus par là, il y a eu bien des morts au fil du temps. Il s'arrête alors de m'engueuler et me tape sur l'épaule, comme pour s'assurer de mon authenticité. Un petit cadeau pour la route, m'a-t-il dit en coinçant une boîte de conserves à l'arrière de mon sac. Une accolade nous unit quelques secondes, sans un mot. Je m'éloigne en lui faisant signe autant de fois que possible, jusqu'à ce que les arbres m'en empêchent.

J'ai encore faim, même si le pain a fait du bon travail de colmatage ; la boîte de conserves que je suis en train de manger avec mon index va me tenir au ventre un moment. Je marche encore deux kilomètres et me trouve une jolie cachette au milieu de la verdure. Les hautes herbes proches du Río del Carmen vont me camoufler parfaitement. J'ai mal au ventre, je suis fatiguée.

J'éluciderai quelques heures plus tard la provenance de mon mal de ventre.

Comme il persiste, je retourne dans les poubelles que je transporte pour lire le contenu de la boîte. Je suis incapable de décrire ce que j'ai mangé. La boîte ressemble à une conserve de thon mais dessus je décrypte lentement, comme si je ne voulais y croire : Terrine de cerf.

Depuis l'âge de quatorze ans, je ne mange plus de viande. La dernière fois que j'ai dû en manger remonte à mon périple en Australie où la survie me l'avait imposé.

Mon esprit ne peut quantifier l'immensité de ce tout. Alors je me concentre sur ce qui m'entoure ; tout naturellement, la nature devient repère, beauté et vibration.

Désert d'Atacama

Le désert d'Atacama

Ma pensée vagabonde

«Le rien, le vide, le calme, l'inutile, l'infertile
– le désert»

Ces yeux qui te décrivent ainsi sont ceux d'un téléphile qui regarde ces belles images de désert interminable sur son écran plat aux coins carrés, assis devant la TV.

– On s'y croirait, dit-il à sa chérie.

Elle se trouve lovée contre lui dans un joli survêtement. Pour l'occasion, elle s'est appliqué un masque de beauté sur le visage, composé d'une pâte épaisse vert pâle. Quelle galère, il lui fait presque mal.

Ils ont un langage commun, des gestes sans parole, ils se comprennent. Une petite tapette sur sa cuisse gauche et instinctivement elle se lève comme un robot programmé pour aller chercher une bière dans le frigo.

Ils avaient bien décidé de se manger un peu de désert cette année-là pour les vacances, mais le moment venu, ils ont préféré Ibiza au Sahara…

Voilà pourquoi on ne peut pas confondre Ibiza avec Sahara : c'est une histoire de bière ou de masque… Peu importe, parce que dans le désert, il n'y a ni l'un ni l'autre.

Le désert est plus désertable que désirable, il est à la fois repoussant et attirant. Il cultive l'ambiguïté ; de ses nuits inoubliables, il vous emmène aux jours insoutenables. Ses mains sont câlines, ses lignes régulières.

La première rencontre est un hasard, puis on y retourne sans savoir pourquoi comme chez un amant performant, mais là, mon histoire, elle, passe le cap « occasionnel » pour devenir spirituelle.

Désert d'Atacama

Encore une fois le désert me retient, je passe des heures à l'observer sans un mot et sans attente. Le silence me parle, aux premières angoisses vient s'ajouter une sérénité éphémère que dégage ce «rien qui paraît plein».

J'ai beau me retourner, il est identique devant comme derrière, une ligne horizontale persiste. Je tourne sur moi-même, pensant que la ligne de l'horizon va s'enrouler et créer un univers tout en rondeurs, mais elle n'a pas bougé. Elle est réelle et je me sens gourde d'avoir imaginé que cela aurait pu être autrement. Et là, encore un peu étourdie, je me souviens de mes premières sensations de désert, de l'odeur, du manque de vie… du silence lorsque la nuit tombe.

Ici, la vie est présente uniquement par mon propre corps qui m'apparaît comme une machine merveilleuse, je la sens fonctionner, elle se révèle à moi comme une usine où chaque élément est indispensable.

Je laisse mon corps se reposer, il se délasse sur le sable chaud lorsque la nuit s'installe.

Je suis fatiguée de mes pas conscients, j'ai comme l'impression que quelqu'un m'observe en permanence, que mes gestes sont jugés. Petit à petit je me trouve chapeautée par un diktat invisible. Je suis seule face à ma conscience, elle n'a jamais occupé autant de place, j'ai même l'impression qu'elle se trouve là, physiquement, à mes côtés.

Je respire un bon coup, regarde autour de moi. Rien, toujours rien, personne. Que moi et ce rien…

Voilà, dix jours se sont écoulés, j'ai retrouvé ma sérénité entre-temps.

J'ai lâché les chiens, fait la folle, dansé sous les étoiles, puis retrouvé la Sarah que j'aime… ma Sarah à moi.

La dictature est tombée sous un siège de révolutionnaires réarmés, laissant le passage à un nouvel air.

Après les temps difficiles, le soleil réapparaît. J'en suis sortie lavée, essorée, dénudée, dépourvue de mes armes de ville, je me retrouve parmi mes frères. Moi, ce si petit grain de sable, insignifiant, baigné dans cette mer de semblables.

Je laisse mes vieilles fringues rassurantes, j'assume ma nudité. Moi, femme et grain de sable, je me découvre pour mieux vibrer. Je suis libre.

Le désert fait partie de cet univers composé d'autres galaxies formant ce grand tout. Mon esprit ne peut quantifier l'immensité de ce tout. Alors je me concentre sur ce qui m'entoure ; tout naturellement, la nature devient repère, beauté et vibration. Le silence n'en est pas un… Il me guide, je me redécouvre grâce à lui.

Je marche depuis ce matin, mes pieds, mes bras sont comme programmés, ils connaissent

laguna colorada **bolivie**

e m'intègre au décor

Vue de l'intérieur

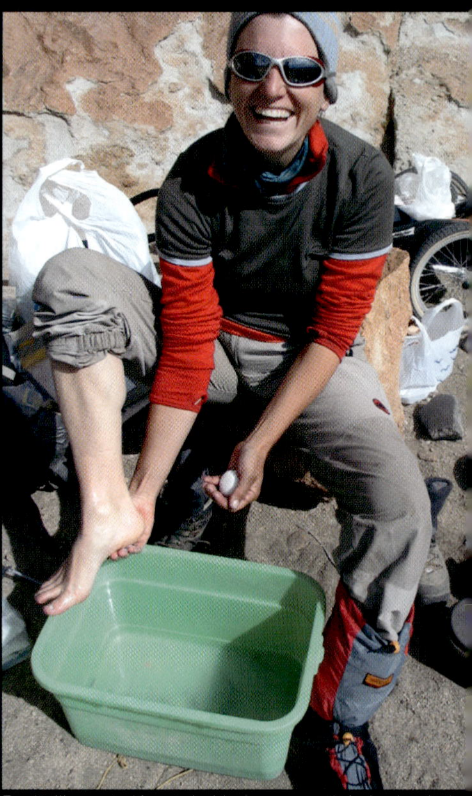

Ravitaillement désert du Lipez – un petit bain de pieds

épart le 15 janvier 2006

Mon chez-moi

anification de ma nourriture sous vide

Mon seul réconfort : mon thé

ynchronisation des GPS – désert du Lipez

désert d'atacama

Vigognes sauvages

Désert du Lipez

Désert d'Atacama

Départ en compagnie d'Inti

Mon réconfort en fin de journée est de faire un feu et boire un thé

La magie des Andes

Inti

Retour à la maison sous l'œil de Pirmina

45 kg dans la charette – 18 kg sur le dos

sérénité - nord chili

Bolivie

Traversée du lac Titicaca – 220 km – la beauté de ce scintillement me fascine

Préparation pour la traversée du lac Titicaca

Joël part à la recherche d'essence

5100 m – je subis encore ce mal d'altitude

Bergère bolivienne

Arrivée à San Pedro d'Atacama

Rencontre avec une famille bolivienne

Rencontre avec un autre Suisse – Daniel Grab

Yareta – plante utilisée autrefois pour faire du feu

Nord Chili

Licancabur

Arrivée au Machu Picchu

Vallée sacrée - l'arrivée est proche

Je me cache pour me protéger du vent et des regards

Des regards souvent croisés sur le parcours

leur travail. De dessous mon chapeau, ma crème solaire, mes lunettes, je *suis* ce mouvement constant, il me berce et j'avance. Je laisse instinctivement le désert m'habiter, m'habiller, je lui souris désormais comme à un guide. Le silence colle, le rien embrasse et je fais l'amour sans interdit à ces milliers de kilomètres, je ne fais plus qu'un avec lui. Je suis enfin prête pour la prochaine étape.

Au petit matin…

Ma tente commence à frémir, le vent se lève. J'ai passé une nuit réparatrice. Je sors le bout du nez, devant moi l'horizon ressemble à une gigantesque piste d'atterrissage. Elle est sans fin. Je me sens bien dans ces contrées inhabitées. Le son de mon réchaud sonne comme un ronron à mes oreilles, si familier. Mon eau est contingentée : trois litres par jour. La quantité d'essence qui alimente mon réchaud est elle aussi réglementée.

Je suis naturellement à la tête de ma petite entreprise, en train de gérer les stocks, les sorties ; je m'improvise météorologue à force d'avoir la tête en l'air, et psychologue, pour ma pomme du moins, en compagnie de mes petits démons hirsutes. Je me glisse dans la peau d'une philosophe lorsque l'horizon se courbe à l'infini.

Le désert d'Atacama n'est pas celui qu'on s'imagine, boursouflé de grandes dunes ondulées.

Il affiche un côté austère, d'une platitude vertigineuse, même si par endroits les formations de sable sculptées par le vent s'avèrent être de véritables œuvres d'art. La température qui s'installe le jour peut monter jusqu'à 20 °C et redescendre la nuit à –20 °C. Cette différence extrême de température entre le jour et la nuit crée un phénomène de dilatation.

Je traîne un peu… Je me sens à la maison lorsque mon regard sort de ma tente et se plonge dans ce qui va être le décor de la journée.

Le camp, ma tente, c'est bien plus qu'un assemblage de tissus que je démonte inlassablement, c'est aussi le moment pour m'arrêter d'être une marcheuse. Mes gestes vont se mouler dans le même rituel avec un sens, une chronologie imposée par le manque d'articles.

Assise en tailleur sur le sol, je passe la main dans ma casserole, dévisse le bouchon de mon réservoir tout en pressant sur l'outre gardienne du liquide de vie. L'eau jaillit, je referme le réservoir et instinctivement vérifie deux fois l'étanchéité. Ces gestes font partie de ma survie. Avec une outre percée je peux retourner à la terre très rapidement puisqu'il n'y a pas d'eau douce à ma connaissance dans le coin. Nous sommes dans un terrain lunaire, fait de sel et de minéraux.

Lorsque je manipule la casserole, la cuillère, le réchaud et la théière, je les touche précautionneusement comme si mes biens se résumaient à jamais à eux seuls. Ces objets prennent vie au fil des jours, des mois ; ils ponctuent ma vie de moments agréables, ils me suffisent.

Le vent caresse mon visage, il est déjà là, je le hais, il me siffle dans les oreilles toute la journée, parfois devient violent, virulent, et par une magie sournoise, il se retrouve toujours face à moi. Mais le soir venu, il se couche avec le soleil, me laissant me baigner dans un silence total pour le plus grand bonheur de mon âme.

La nuit, elles veillent sur moi

Je suis allongée, ventre plein contre le sol, mes deux mains soutiennent ma tête. Ce soir-là, je suis comme une gamine au cinéma devant un nouveau film. Le soleil plonge de toute sa globalité, pour finir sa course noyé dans cette masse solide, franchissant la ligne de l'horizon. La lumière s'estompe au fil des secondes pour laisser place à une autre vie.

Le vent diablotin se meurt aussi, laissant derrière lui un espace entre deux mondes sans vent, sans nuit, sans lumière réelle ; je le vis à chaque fois comme une pause entre ces deux réalités.

La tête entre mes mains, le corps bien au chaud dans mon sac de couchage, je suis enfin inactive, hors du mouvement. Le mental contemple, le corps se repose, mes paupières ferment le rideau prématurément.

Soudain, le froid me réveille… Comme un chien dans sa niche, je me suis endormie sur le pas de l'ouverture.

Les yeux ouverts, je sens le froid me parcourir l'échine, je frissonne et pourtant le spectacle sous mes yeux me laisse encore une fois bouche bée.

Le sol est éclairé, je pourrais lire sans lampe. La luminosité se dresse dans un argenté grisonnant, mon oreille cherche sans trouver… le silence enfin, un silence intégral comme on a rarement l'occasion d'en vivre. Je m'abstiens de respirer et j'écoute avec mon corps, avec mes sens, mais aucune information ne m'est transmise ; il n'y a que le battement de mon cœur qui me rappelle sa présence, mes tempes semblent vouloir jouer du tambour.

La solitude me semble si douce et rassurante. Je ne suis pas seule, la voûte céleste me regarde de ses mille yeux, elle me fait penser à l'envergure de cette vie, de l'univers, mais en même temps, comme une enfant, je tends la main pour pouvoir toucher l'étoile qui me semble la plus proche. Je ne sens rien de palpable, mes doigts cherchent sans succès, les étoiles sont lointaines, inaccessibles et pourtant, elles me regardent et me gardent. La quantité d'étoiles donne cet effet de luminosité, la Voie lactée a été déposée là, tel un chemin à suivre, par un génie de « Là-Haut ». Mon cœur imagine au bout de ce parterre d'étoiles la porte d'un autre monde.

Les étoiles naissent sur ma gauche et se reposent sur ma droite, elles me semblent jaillir du sol. Je suis sur la moitié « terre », mais je rêve d'un jour découvrir *la maison des étoiles.*

Le froid se fait plus mordant, je referme ma tente, m'enfonce un bonnet sur la tête et me replonge dans un sommeil profond, calée entre mon sac à dos et mes réservoirs.

Des traces de roues et non de pas…

Comme prévu ma charrette m'a été livrée à la petite cabane du parc national de *Tres Cruces vers la Laguna Rosa.* Sans elle, la prochaine section ne serait pas possible. J'ai devant moi un long stretch sec et de surcroît accidenté qui m'attend, et que j'ai méticuleusement planifié.

Je teste mon embarcation… Et là, après quelques mètres seulement, j'entends un « crac ». J'arrête tout et je ne peux que constater les dégâts : la matière utilisée à l'intérieur des tubes et la pauvre fabrication des structures et jointures de cette charrette rendent toute réparation impossible. Je regarde autour de moi : il n'y a qu'un seul bâtiment à des centaines de kilomètres à la ronde. Je décide donc d'aller voir ses occupants pour avoir des réponses à mes questions. Y a-t-il des détails que je ne connais pas sur mon chemin ? Des tanks d'eau déposés par l'armée pour les troupes ? Les gardes-frontières me reçoivent timidement, me dévisagent, et commencent à gesticuler lorsque je mentionne mon tracé… D'après eux, non seulement il n'y a pas d'eau, mais la région est parsemée de bombes non-explosées de la guerre du Pacifique !

Je tourne le tout dans tous les sens dans ma tête et y trouve un plan B. Je vais devoir descendre de 3 700 mètres et rejoindre le niveau de la mer. À l'ouest de ma position se trouve une ville du nom de Copiapo. Je vais y acheter un vélo et remonter la Panamaricana qui longe la mer. Cette route est pourvue de « roadhouses » où je pourrai me ravitailler.

Des jours plus tard, mes vêtements sentent non plus le vent d'altitude mais les gaz et la crasse. J'ai dû changer mes pneus à cause du mauvais matériel de départ et j'ai des douleurs inconnues un peu partout sur mon squelette de marcheuse…

J'arrive enfin à l'intersection de la Negra. D'ici, je vais utiliser la piste qui part « Est » et remonter sur la cordillère pour retrouver mon tracé d'origine. J'aurai ainsi fait l'équivalent de mon tracé à pied, à coups de pédales, non pas sur la cordillère mais au niveau de la mer.

La Negra est un lieu de passage au milieu de nulle part dont la station-service est le seul attrait. Je me ravitaille de tout ce qui est mangeable dans le petit shop de la station, et je vais m'asseoir à l'ombre, à l'abri des regards, pour dévorer mes achats.

Soudain on me parle, je lève la tête et me retrouve nez à nez avec l'officier de Police qui m'a déjà interpellée à mon arrivée. Cette fois il veut clairement savoir où j'ai l'intention d'aller. Je sors ma carte et lui dis que je vais suivre la piste qui va me reconduire sur la cordillère. Il secoue la tête sans un mot. Puis, m'indiquant la montagne derrière moi, il s'explique :

– Tu peux monter là-haut, mais pas avec un vélo et pas à pied, c'est interdit, tu dois traverser des mines en activité. Si tu y vas, je t'arrêterai pour de bon !

Il ne plaisante pas, alors je le rassure et lui dis que je vais appeler un ami. Il s'éloigne et se retourne en chemin en me menaçant à nouveau.

J'appelle immédiatement mon frère et lui expose le problème. Joël m'écoute et calmement me demande de le rappeler dans une heure.

Une heure plus tard, il a trouvé une solution pour me sortir d'ici et a déjà tout synchronisé. Son contact à San Pedro viendra me chercher avec sa voiture dès demain pour rejoindre mon tracé sur la cordillère. Il me suffit de poser ma tente quelque part pour la nuit et d'attendre l'homme au pick-up rouge.

Joël termine la conversation en plaisantant, mais seulement à moitié.

– Essaie de ne pas te faire arrêter, « sister » !

– Promis.

Je raccroche, le sourire aux lèvres malgré la poussière produite par le va-et-vient des poids lourds. Le premier sourire depuis longtemps... *merci pt' frère.*

À 220 kilomètres du premier ravitaillement

Joël a rencontré Martin lors d'un de ses repérages dans la région. Il est guide au Chili mais originaire de Suisse, et vit à San Pedro de Atacama depuis dix-sept ans maintenant. Il s'est donc généreusement occupé de me déposer de l'eau sur cette dernière ligne droite.

Il fait chaud, je repère de loin ces immenses piliers métalliques qui alimentent les usines de cuivre de Chuquicamata, plus à l'ouest de ma position. C'est la plus grande mine de cuivre au monde.

Ces monstres métalliques sont mes guides, je les suis comme des balises, les câbles se détachent dans le ciel comme des dentelles régulières. Je suis si insignifiante à leur pied ! Je profite de l'ombre qu'ils produisent, même si leur bourdonnement me déplaît. J'oublie de faire un peu de « navigation » et remarque en fin de journée que ma progression a été trop à l'est...

Autour de moi, des centaines de kilomètres de désert m'encerclent, le ciel est bleu pastel, une petite plate-forme surmontée d'un gros rocher fera l'affaire pour la nuit. Des roches de forme étrange m'entourent, leur chair est composée de sable durci, sculpté au fil du vent, car ici le temps n'a aucun sens. La vie a déserté cette mer de sable il y a bien longtemps. J'ai bien soulevé inlassablement les moindres cailloux susceptibles d'abriter une maison propice à un insecte, un reptile… mais rien.

Je penche pour dire qu'il n'y a pas grande vie ici !

Mais avant ?

Et si la vie avait existé ?

Les arbres étaient alors peut-être considérés comme des occupants communs et encombrants, luxuriante vision de vert ; ma pensée va aux feuillus, aux oiseaux, à l'eau.

Oui l'eau ! Toi qui chantonne lorsque les cailloux te chatouillent. Je me laisse bercer par le spectacle que j'ai sous les yeux et m'assoupis…

Soudain, je me réveille en sursaut avec des bribes de rêves encore présentes devant mes yeux.

Doux rêves où tout était bleu acier autour de moi, humide et frais, j'étais alors une fourmi voyageuse enfermée dans une bulle d'air, véhicule révolutionnaire. La bulle restait et filait à la surface de l'eau comme par magie. Incroyable, tout était si limpide et frais, j'en ai encore la chair de poule. Je reprends mes esprits et m'amuse de mes songes, je suis bel et bien là dans le désert d'Atacama, mes pieds sont nus, mes muscles se reposent, ils sentent le ravitaillement qui se rapproche. Je prépare mon repas, mes gestes s'activent, je souris… Une fourmi, pensé-je, j'ai rêvé que j'étais une fourmi ?

Je vous vois rire… mais si un jour, en vrai ou en rêve, vous apercevez une fourmi voyageuse dans une bulle d'air, vous penserez à ma déraison passagère.

Sous un ciel étoilé, je m'assoupis à nouveau. Je n'ai pas fermé ma toile de tente, j'adore cet état entre le sommeil et le conscient, mais ce que mes yeux voient à l'instant… me laisse sans voix.

La lune, vénérée tu étais…

Elle n'apparaît que bien tardivement cette nuit, mais je ne l'attendais pas. Son disque parfait et net s'élève dans le noir. Ce que je vois porte le voile de la perfection. À mes yeux, elle ressemble à une princesse, je ne peux en détourner mon regard, elle m'hypnotise. À une vitesse adaptée, elle s'élève. En toile de fond, les étoiles lui servent de servantes, des scintillements de partout se révèlent encore. Les étoiles l'habillent, la Voie lactée a toute sa raison d'être. Je peux comprendre que le peuple andin la vénère, qu'elle a une vraie emprise sur leur rythme de vie et leurs croyances. Difficile de ne pas la voir et comment ne pas croire à cette déesse ?

Un vieux monsieur aux yeux inutiles m'a raconté qu'en compagnie de son père (il y a longtemps) il cherchait des paillettes d'or dans le désert, sous la pleine lune. La lumière de la lune faisait apparaître, entre les grains de sable, le miroitement du métal sacré. Il suffisait de se tenir proche du sol et de scruter au loin le reflet probable. J'ai aimé cette histoire sur le moment, sans savoir si elle était plausible.

Mais aujourd'hui avec la pleine lune et sa lumière grisonnante, je pense que cela est plus que probable… Je pourrais me lever et aller chasser le miroitement doré, mais mon corps est fatigué, je le laisse faire, il se repose.

Le salar d'Atacama est par endroits gratifié de quelques petites flaques salées. Le sol blanc reflète une lumière agressive pour mes yeux. Les flamants roses prennent un bain de pieds dans cette eau saumâtre peu profonde. Le spectacle est grandiose, ces longues jambes supportent ces corps flamboyants. Je les regarde des heures durant, le contraste entre le blanc du sel et le rose de ces bimbos me fascine. Je sens la civilisation : des pistes sont là à se croiser, venant de nulle part pour aller nulle part. Au second plan le volcan Licancabur m'indique une arrivée prochaine.

San Pedro de Atacama

Village oasis au milieu du désert d'Atacama, il est un arrêt immanquable pour le touriste qui visite le pays.

Le village est fait de murs blanchis, les rues sont en terre battue, la végétation est présente grâce aux irrigations minutieuses de chacun. Les portes sont peintes d'un bleu délavé. Les Atacaméniens ont un art propre à leur région, jouant du bois et de l'adobe.

Je passe devant des cabanes aux fenêtres en plastique, puis une brèche voûtée dans l'enceinte du mur blanc m'offre la possibilité d'entrer dans le village. Les gens me dévisagent, les voitures me semblent faire un brouhaha inimaginable, des chiens en liberté me croisent sans un regard, me voilà au centre de l'agitation humaine.

Près de l'église, à l'ombre des grands arbres, ils m'attendent. Ma famille, ma mère, mon père et mon frère Joël sont de la partie. Mon frère et moi avons offert à nos parents, pour leurs soixante ans, «des nuages et des kilomètres». En deux mots un billet d'avion. Mon père qui aime le plancher des vaches a bien essayé de trouver une occupation plus terre à terre durant les dates prévues. Mais sans succès puisque ma mère, elle, en était tout excitée depuis des mois déjà. Bien arrivés, ils sont là sur la place du village de San Pedro, cela me fait tout drôle de les voir ici. Mon père n'a jamais fait un si long voyage, puisque toutes mes vacances d'enfance se sont déroulées à trente-cinq kilomètres de la maison familiale au bord du Doubs.

Je vais passer quelques jours en leur compagnie, mais pour commencer je vais me laver, chose qui n'a pas été faite depuis des semaines.

Je me déshabille, ma peau porte des traces de crasse, mes muscles dessinent mes jambes, j'ai perdu du poids, je me glisse sous l'eau chaude avec délectation. L'eau qui coule sur mon corps me donne l'impression d'ôter ces semaines d'effort, l'eau efface les maux, libère l'esprit, elle me lave. Des dizaines de minutes plus tard, je ressors de la salle de bains de la chambre que je partage avec mon frère, mon budget ne nous permettant pas autre chose que cette petite chambre avec eau chaude, un vrai luxe ici. Je suis comme décalée, je m'assieds sur une chaise, je mange à ma faim, je bois un petit thé sur une terrasse. Je passe un jean, tout me paraît irréel: mes parents ici, l'opulence, l'accessibilité à l'eau, le bruit, les gens.

Les événements de ces quelques jours m'ont bouleversée. La chienne de l'auberge qui dormait dans ma chambre avec son petit a été éliminée parce qu'elle était en chaleur, parce qu'elle était femelle.

Mes parents sont curieux comme des enfants : tout les fascine. Ils passeront du temps avec leur guide préféré – Joël – avant d'être embauchés pour préparer le matériel et les dépôts de nourriture pour la suite. Pendant ce temps, j'aime à me retrouver seule, je suis, je pense, ce qu'on appelle une solitaire dans l'âme. Je partage quand même le repas du soir avec ma famille. Avec Joël, on visualise à l'aide de cartes topographiques les dépôts de nourriture et les passages de frontières jusqu'à tard dans la nuit, dans notre petite chambre où l'on rigole bien.

Déjà je sens le besoin de retourner dans la nature ; le contact des hommes, le confort ne me suffisent plus. La lumière, les odeurs, les énergies me manquent. J'y retourne donc sans regarder en arrière, en compagnie de ma petite charrette chargée au maximum pour la prochaine étape. Direction : la Bolivie.

Mes yeux ne peuvent se détacher de ces sommets au port de tête princier, je me sens comme hypnotisée par ces êtres aux terminaisons enneigées. Il y a dans l'atmosphère que dégage cette terre une partie invisible que l'être que je suis ressent, mais ne peut voir…

Bolivie

Arrivée au Machu Picchu

Bolivie – Laguna verde – 4 178 m

Je me sens reposée, j'ai même pris du poids – trois kilos au moins. Derrière moi, une charrette suit chacun de mes pas, elle est chargée à son maximum : 45 kilos. Mais je porte encore mon gros sac à dos qui, lui, pèse entre 16 et 18 kilos.

Je suis aussi verte que le lac, je ressens à nouveau le mal d'altitude. Le soleil est intense, le ciel est dénudé de nuages ; en regardant ce vert émeraude on pourrait supposer se trouver aux Maldives. Il faut se préparer à des températures négatives, je suis habillée le plus chaudement possible, la température est de quelques degrés la journée et s'amuse avec les – 10 °C la nuit. Ma veste doudoune coupe ce vent pénétrant qui ne cesse de souffler. Je vais marcher d'une lagune à l'autre en jouant avec les couleurs, de la blanche à la verte, de la verte à la rouge, puis vient s'enchaîner une série de petites lagunes où la mer a déposé ses empreintes. Je joue avec ces indices laissés là.

J'aime imaginer, en fermant les yeux, la présence de la mer – l'eau ! Maîtresse de ces lieux, recouvrant le tout. Au fil de mes pas, j'ai découvert le fond marin d'alors. Des fossiles en tous genres : anémones, tissus spongieux, coquillages aux contours les plus bizarres… Oui c'est très clair, il y avait la mer ici. Les vestiges vivants sont représentés par ces salars, flaques salées d'un autre temps. Ils sont devenus des endroits de prédilection pour les flamants roses.

Créatures des dieux, élégants jusque dans leurs mouvements, sympathiques dans le ballet incessant de triage de leur nourriture. Les microscrustacés qu'ils ingurgitent au fil des heures à l'aide de leur bec recourbé sont responsables de ce rose intense qui pigmente leur plumage. Ils sont divins dans leur robe rose bonbon à faire pâlir Barbara Cartland.

J'ai observé avec consternation que les flamants roses se regroupent en fin de journée dans la lagune et se laissent capturer les pattes par la glace qui se forme à la tombée de la nuit. Ils en sont alors prisonniers. Constatation faite, je n'allais pas les laisser là et les regarder mourir un à un. Il est 17 heures, la nuit s'installe déjà, je me donne jusqu'au lendemain pour trouver une solution. Ce fut une nuit bien courte ; durant une bonne partie de celle-ci, j'ai cherché la solution pour les sortir de là. Parce que pour moi, il y avait bien un problème, donc une solution.

Le lendemain, c'est naturellement, avec l'aide précieuse de l'astre solaire, que la glace a fondu sous mes yeux. Ces prisonniers volontaires se sont réveillés, puis dégourdi un peu les ailes, pour recommencer leur ballet incessant à la recherche de leur nourriture…

Même pas une fourmi ?

En Australie, je remuais pour éviter que ces charmantes créatures ne remontent dans mon pantalon… Ici rien.

Rien, sans pour autant parler de ce vide qui me semble plein. Les formes de vie se bornent à quelques spécimens adaptés à ces altitudes.

Mes yeux ne peuvent se détacher de ces sommets au port de tête princier, je me sens comme hypnotisée par ces êtres aux terminaisons enneigées. Il y a dans l'atmosphère que dégage cette terre une partie invisible que l'être que je suis ressent, mais ne peut voir. Et c'est pour cette raison que je m'assieds inlassablement jour après jour pour regarder l'ampleur de ce magnifique tableau. Au fil des journées qui s'écoulent, ces plaines rébarbatives deviennent uniques et plus belles encore que les précédentes. Au contact de cette terre, je me sensibilise, imperceptiblement de jour en jour. Je découvre les changements qu'opèrent en moi ces montagnes. Cette vie simple que je vis actuellement dans l'effort me semble utile à mon âme. Je remarque que les deux années qui me séparent de mon retour d'Australie ont été intenses. Mais je me suis accordé un peu de temps à ne rien faire, écouter, regarder avec un esprit contemplatif.

Me laver de l'agitation humaine, des bruits, des images, des gestes inutiles, me demande beaucoup. Je commence seulement à me retrouver enfin après trois mois de marche. Cela prend de plus en plus de temps, comme si j'étais de plus en plus encrottée. Aujourd'hui l'essentiel est bien au sommet de ma liste.

Je me suis levée avant même que la lumière ne pointe le bout de son nez. Aujourd'hui je vais devoir parcourir 30 kilomètres. Je me sens un peu mieux, je ne vomis plus. Je suis motivée tout en pensant au dépôt de nourriture qu'a préparé mon frère à la lagune Canapa. Il y a vu un renard lorsqu'il a déposé la nourriture donc je ne sais pas si elle sera encore là.

À ces hauteurs, il n'y a personne, je n'ai pas vu un seul Indien. En fait, la vie à cette altitude n'a aucun sens, rien ne pousse et il n'y a pas d'eau douce. Le décor est minéral, quelques petits buissons survivent ici et là, sinon c'est le gris de la roche qui domine, le jaune délavé des petites herbes qui tapissent le sol, mais surtout les couleurs changeantes de chaque lagune rencontrée qui surprennent le visiteur.

À peine ai-je franchi la frontière bolivienne, voilà que régulièrement des véhicules tout-terrain envahissent par vagues ces étendues. Je remarque la trace de sable soulevée que la vitesse laisse dans le ciel encore bien des secondes après leur passage. Des tour-opérateurs vendent les charmes de ces lagunes, la magie du désert du Lipez. Mais moi ce que j'ai vu, ce sont dix personnes coincées dans un vieux véhicule tout-terrain. Les pauvres subissent le mal d'altitude et ont par conséquent du mal, dans ces conditions, à apprécier ces étendues magnifiques. Je me souviens d'une voiture qui a fait un grand détour pour venir à ma rencontre afin de voir si tout allait bien. Le conducteur était un Bolivien, il m'a demandé ce que je faisais là. Lorsqu'il a su que je venais de Suisse, il a levé les bras au ciel !

– Ils sont fous ces Suisses ! s'est-il exclamé haut et fort, ses yeux globuleux donnant l'impression de vouloir sortir de leurs orbites. Moi j'ai connu un Suisse qui est parti sept ans à vélo…

– C'est Claude Marthaler ?

– Oui, oui c'est lui Claude, je l'ai invité à la maison quelques jours. Mais tu le connais ?

– La Suisse est petite, tu sais.

– Mais ils sont tous comme vous, les Suisses ?

Il me bombarde de questions sur la Suisse et ajoute :

– Tu aurais au moins pu t'offrir un vélo, non ? (à l'arrière de son véhicule les jeunes Anglais qu'il transporte commencent à s'impatienter.) Je dois y aller, mais on se reverra.

Il me fait un signe d'au revoir pendant encore cinq cents mètres (sa bonne humeur, son sourire éclatant me font du bien, je suis impatiente de rencontrer des Indiens).

Laguna canapa

Je pose enfin mon sac à dos et ma charrette, qui tombent lourdement sur le sol, c'est la fin de la journée, mes gestes se ralentissent l'espace d'un instant.

Je me recroqueville, serre fort mes genoux. Je reste assise, fixant la ligne de l'horizon ; mon esprit s'évade et imagine…

Il retrouve alors au loin un point presque imperceptible, celui-ci se déplace, se rapproche et là il sent et s'enivre de la vitesse.

La cavalière l'entend respirer, transpirer sous l'effort du galop. Il est de plusieurs couleurs, sa robe laisse deviner ses origines lointaines, les steppes dont il était alors le roi.

Le dégager du paysage lui donne cette puissance, laissant encore plus sa masculinité transparaître, elle le pousse, le sentant vibrer sous elle, l'effort permet ce mariage d'euphorie, qui se mélange au vent et à l'odeur de musc. La transpiration est là, véhicule olfactif de ses désirs. Inconsciente, une rafale de vent vient lui voler ces odeurs, lui rendant la sensation et la lucidité du moment.

Cette parenthèse s'est installée comme un arc-en-ciel imprévisible et furtif. Je laisse mon regard encore quelques minutes chercher cette cavalière éphémère. Puis d'un geste machinal j'ouvre ma charrette pour préparer mon repas du soir…

Je devine le déplacement de «vicuñas» au loin, elles viennent boire en fin d'après-midi. Je sors mon G.P.S. et cherche d'un pas hésitant le point précis de mon ravitaillement. Cinq minutes plus tard, je soulève de grosses pierres planes, je me dis que Joël a pensé à la filouterie possible du renard. Je trouve bel et bien ma nourriture soigneusement emballée dans de petits sachets sous vide, puis dans un plastique plus solide, puis dans un autre plastique d'une épaisseur certaine. Le renard n'a pas réussi à déloger mon dû, mais des petites dents bien gourmandes ont fait un bon travail. Eh oui, les souris ont dégusté un tiers de ma nourriture. Tiens... en voilà une qui vient voir ce que je fais, une autre par ici... En fait elles doivent être une bonne dizaine, elles sont bedonnantes et j'en suis responsable !

Je ne peux qu'en rire parce que, depuis San Pedro, j'essaie d'économiser une ration par dépôt de nourriture au cas où je ne trouverais pas un point G.P.S. J'en profite pour vous parler un peu du côté pratique du terrain. Un seul mot d'ordre s'est imposé au fil des expériences : l'anticipation.

Je vais devoir inlassablement avoir une vision sur la seconde suivante, si possible le jour suivant et encore mieux pouvoir intégrer cette notion dans mes gestes quotidiens. La solution est d'avoir des gestes conscients.

Ma liberté n'en est pas une, je dépends encore et toujours de mon matériel et qui dit matériel dit solidité, quantité, nécessité, poids, couleur...

La couleur ? Eh oui c'est très, très important. Tout mon équipement est couleur kaki, vert un peu sombre, ou pastel, le plus naturel possible. Je dois pouvoir me fondre dans le décor, plutôt que de me signaler dans le paysage avec une tente rouge ou jaune pétant.

Tout au long de cette cordillère, je vais porter des kilos de cartes topographiques. Chaque fois que j'en sors une du fond de mon sac, je la mémorise automatiquement, par mesure de sécurité.

Pourquoi ?

Le vent peut l'emporter, je peux la perdre. Si je l'ai en tête, le cas échéant, je saurai toujours me diriger.

Et ainsi de suite… Tout est enrobé d'une couche d'anticipation. Ma survie en dépend, ni plus ni moins. Ma démarche n'est pas inconsciente mais très réfléchie et préparée pour me laisser le maximum de liberté sur le terrain.

Sans papier toilette

Cela fait longtemps que je ne sais plus quel jour on est et encore moins le mois. Mais ce jour-là, j'ai fait deux kilomètres puis je me suis couchée sur une grande pierre plate. Je n'ai pas pu m'en relever. Après deux mois de paix totale, mon corps s'est souvenu que femme, je suis…

C'est alors que je plonge ma main dans la poche du haut de mon sac à dos et j'en retire un rouleau cartonné ; pendant une minute je ne veux pas y croire, je reste le regard fixé sur ce rouleau. Eh oui je suis bel et bien en rupture de papier toilette… Surprise à un moment inadapté…

Désert du Lipez

Je suis dans ce désert aux plaines de sable mou, entourées de part et d'autre de roches qui émergent du sol, éparpillées en nombres impairs répondant à la loi du désordre. Le désert du Lipez est en opposition totale avec ses pics enneigés que l'œil ne peut occulter. Ils sont plantés là, comme des garde-fous. Par couches superposées les yeux impriment le jaune, le vert pastel, l'ocre, le gris lumineux, le blanc. Cela ressemble à un mille-feuilles, ô oui, toi ! Le bourreau des femmes à la cuisse ferme, croûte moelleuse souple et bien trop sucrée aux interstices linéaires, remplis de crème trop crémeuse.

Même si j'en avais un sous la main, ce qui ressemble en ce moment à une option de l'ordre de l'impossible, je ne pense pas que mon estomac barbouillé l'accepterait sur la carte du menu. Mon corps ne s'acclimate vraiment pas, je m'approche d'un col à 5 100 mètres, je suis mal, ma charrette refuse d'avancer, elle s'ancre de toutes ses forces dans ce sable mou aux allures trompeuses. Je tire sur les manches usés de toutes mes forces, mais mon corps refuse l'effort intense, je progresse donc par tranches de cent mètres puis repose le haut de mon corps sur mes bâtons de marche, mon souffle se régule, je relève la tête, mes yeux butent contre ces tonnes de sable qui m'entourent, sans laisser d'échappatoire à mon calvaire. Je me force alors à une vision de cent mètres, refusant le biotope qui m'entoure, je compte mes pas, je lutte avec mon enveloppe qui refuse le pas comme un vieux cheval caractériel. Je n'en peux plus, je creuse une petite niche dans cette pente pour pouvoir mettre ma tente à plat. Je m'effondre, ce désert me résiste, mon corps en a marre de l'altitude, je suis à 5 000 mètres, j'attends depuis quatre jours maintenant la venue de mon frère. Mes réserves s'amenuisent, il ne doit plus tarder. Il m'a donné rendez-vous dans le Lipez – « Je vais suivre les traces de ta charrette pour te retrouver », m'a-t-il dit…

Le lendemain, mon corps va mieux, je navigue à la boussole. Il est 11 heures quand je devine le bruit d'un véhicule au loin, je cours hors de ma cachette… C'est trop tard, Joël est passé comme un fou et n'a pas pu m'apercevoir. Je me faisais un petit thé sous un abri où le vent ne peut se faufiler, un pan de rocher de « sand stone ». Ce n'est pas grave, il va bien voir que mes traces de charrette ne continuent pas. Quelques minutes plus tard le bruit se rapproche en sens inverse. Je me mets à gigoter des bras pour signaler ma présence. Il ralentit… Le voilà enfin.

Ravitaillement au désert du Lipez

Je suis heureuse de voir ce véhicule s'approcher de moi. Joël est accompagné de son amie Sabrina, nous ne délaissons pas la séquence retrouvailles.

Nous sommes au milieu du désert du Lipez, des formations rocheuses vont nous servir de protection pour la nuit. Le campement est vite monté, on peut passer enfin aux côtés récréatifs. Joël a apporté du bois et c'est avec un plaisir non dissimulé que je retrouve cette chaleur que j'affectionne. Sous ces latitudes, il n'y a pas une brindille de bois à des kilomètres à la ronde.

Je me lave dans une bassine en plastique – l'eau est glacée –, après des semaines durant lesquelles je n'ai pas vu une goutte d'eau à part celles laissées dans les dépôts de nourriture. Mais je ne vais pas aller très loin dans mon nettoyage, je vais commencer par les pieds et m'arrêter aux pieds ! Il fait trop froid, je suis gelée. Par contre les petits doigts magiques de Sabrina vont courageusement me faire un massage.

Voilà, après un bon repas et des heures de discussion, vient le moment de parler des dépôts de nourriture. Mon frère m'a apporté toutes les cartes topographiques nécessaires, elles vont m'emmener jusqu'au lac Titicaca. Elles pèsent lourd et prennent de la place, mais je n'ai pas voulu risquer de les mettre avec les ravitaillements dans les trous que Joël a faits.

On va passer une bonne partie de la nuit à parler de ces dépôts de nourriture, des points précis G.P.S., et de la probabilité de les retrouver.

Après les bonnes nouvelles, les mauvaises. Eh oui, j'avais exprimé mes inquiétudes au sujet de gros nuages noirs qui s'accrochaient au nord de la cordillère depuis plusieurs semaines. Joël s'est rendu sur place, pour vérifier mes inquiétudes. Le messager est de retour. Et c'est au coin du feu sous un ciel étoilé que j'apprends que la traversée du salar d'Uyuni ne sera pas réalisable pour moi. La pluie est tombée en abondance sur cette région, et le salar d'Uyuni, qui mesure 12 000 kilomètres carrés, ne sera pas praticable. Ce désert composé uniquement de sel m'intriguait, j'étais impatiente de le sentir craquer sous mes semelles, mais malheureusement, il est recouvert d'eau sur sa moitié sud, m'empêchant de poser une tente.

La nuit a été froide. Le ciel est d'une netteté, ce matin ! Je repars donc avec ma charrette chargée à son maximum et un sac à dos plein de bonnes choses. Je reprends ma vie normale, de marcheuse solitaire, cette parenthèse aura été un vrai bonheur.

Mon quotidien

Je me réveille avec les premiers rayons du soleil, j'ouvre ma tente. Le paysage qui s'offre est net et déjà plein d'énergie. À quelques pas de là, un groupe de trente lamas déjeunent, avec une humeur matinale. Ils me jettent de temps en temps des regards indifférents.

Mon réchaud me regarde, ma théière m'attend… Mon petit monde se met en place machinalement. Dans tout mode de vie, les gestes essentiels peuvent être rassurants. Je m'active, et dans ma gestuelle, je puise une inspiration pour cette journée à venir, journée d'efforts mais à l'intérieur, cela ne ressemble pas à un sentiment de réjouissance, ni à une envie de recommencement. C'est simplement un jour où il faut que je m'affaire à plier mon camp, cela ne peut pas être différent. Alors une atmosphère s'installe dans laquelle mon monde me nourrit, mes objets me semblent indispensables et précieux comme si je n'avais et ne connaîtrais jamais une autre vie.

Je pars pour une balade obligée derrière ma tente, et j'en profite pour observer le paysage. Je découvre qu'à chaque regard le même paysage m'offre autre chose, une profondeur, une perception des détails jusqu'ici invisibles, cela dépend peut-être de ma disponibilité à voir, de ma sensibilité.

Aujourd'hui ma destination est Avaroa. Mes cartes qui, il faut le dire, sont de mauvaises cartes routières (il n'en existe pas d'autres), m'indiquent un village. Donc naturellement, je pose mes pas au plus près du volcan d'Ollague, qui marque la frontière entre la Bolivie et le Chili. Je m'attendais à un petit hameau de cent personnes environ mais j'ai dû marcher encore 5 kilomètres avant de découvrir six corps de bâtiments dont deux plus récents. Je croise dans mon approche un motard sur une vieille 120 cm^3, le motard cachait deux autres passagers, ils sont trois au total. Le visage du conducteur est buriné par le soleil, un couvre-chef d'aviateur rembourré de peau de mouton est enfoncé jusqu'à la hauteur de ses lunettes. Celles-ci ont été empruntées au même aviateur.

Dans ma tête j'extrapole pour rire : « Mais où sont donc l'aviateur et son avion ? »

Des dents blanches viennent illuminer ce visage indien, il me fait un signe de la main et rigole de tout son corps. Sans vraiment y croire j'ai lu les interrogations silencieuses des trois hommes.

– Ce n'est pas un vélo ?

– Une charrette tirée par une femme ?

– Mais elle est blanche, je l'ai vue !

Il fait signe à ses passagers qui eux s'accrochent tant bien que mal. Je lui retourne un grand signe en le saluant. Il commence à zigzaguer, zut… ils vont tomber !

Je le vois, il tente encore de se retourner, ils ont frôlé l'accident, même si sa fusée ne fait que du 20 km/h.

Avaroa

Point frontière côté bolivien. Je m'approche d'une grande barrière noire et jaune rabattue sur la route d'accès au Chili. De vieux wagons sont morts, déposés là, épaves squelettiques grignotées par l'air iodé au beau milieu de ce no man's land. Ce point frontière se situe sur un salar, il apparaît au début comme un terminus, un bout du monde, laissant aux visiteurs égarés un goût amer en fond de gorge, avant que la magie fantomatique des lieux n'opère : les cliquetis du métal, le vent, le soleil apaisent les âmes agitées et rassurent. Devant moi un baraquement ressemble à un bâtiment officiel. Je traverse les quatre voies témoins de différentes époques. Il n'y a personne, je me faufile entre les wagons, ma charrette suit tant bien que mal, en faisant des sauts à chaque passage de rail. Je peux lire au-dessus de la porte « officina imigracíon Bolivia ».

Je frappe à la porte puis entre, il va falloir quelques secondes pour m'adapter à l'obscurité du lieu. J'entends une voix dans le fond, je m'approche, passe deux portes et me trouve derrière une touriste en jupe et avec de longs cheveux. Elle a toutes les peines du monde à s'exprimer en espagnol, ce qui agace ce brave fonctionnaire qui nerveusement appose son autorisation. Sans rien dire j'avance. Sans même me jeter un coup d'œil, il tamponne mon passeport dynamiquement, laissant échapper un son qui rentre jusque dans les murs. Les yeux baissés, je ne dis rien, replonge mon passeport dans sa housse, le remercie et fais demi-tour. Dehors, ma charrette n'a pas bougé, mais un homme est là avec un vieux bonnet troué sur la tête, les mains dans les poches, il regarde le train.

Soudain, je comprends mieux : ici circule un train une fois par semaine, il rejoint La Paz. Partant de la mer pour se rendre à 4 000 mètres d'altitude ! Le douanier a pensé que j'étais une passagère. Je m'empresse de prendre ma charrette et de franchir la frontière avant qu'il ne change d'avis. Normalement les passages de frontière ressemblent à des pièces de théâtre de mauvais goût. Cela peut prendre jusqu'à deux jours pour que le douanier comprenne le sens de votre voyage. Je circule (eh oui j'ai deux roues), passe devant le vieux monsieur au bonnet et m'empresse de filer du côté chilien, cela veut dire cinq kilomètres où les bords du chemin sont parsemés de mines antipersonnel.

Les Chiliens ouvrent mon passeport, tout en m'observant comme si j'étais une tueuse recherchée. Pas un mot ne sort de la bouche de l'officier, il me fait signe de venir avec lui. J'arrive dans un entrepôt où cinq douaniers se retournent en me voyant débarquer avec ma charrette. Personne ne parle, d'un signe de tête l'officier remercie son supérieur. Pendant ce temps ma charrette a été réquisitionnée, démontage de toutes les pièces possible, toutes mes affaires se vident sous les yeux amusés de ces cinq mâles. Je garde le sourire, je fais comme si cela ne me faisait ni chaud ni froid. Cinq fois le petit gros à la moustache me demande :

– Quel bus tu prends ?

– Je vais au nord !

– Il n'y a pas de bus pour le nord, tu dois aller au sud à la grande mine puis tu changes de bus là-bas.

– Merci mais je vais au nord, pas au sud.

Ce dialogue de sourds était destiné à m'énerver, je garde tout mon calme et je décide donc de leur expliquer mon histoire... Et là, les cinq ont éclaté de rire en même temps... « Pas possible que tu viennes comme cela de Santiago, pas à pied, tu es folle ? »

D'un air distrait je regarde ma charrette se faire désosser, le petit gros démonte même les manches et se met à taper la partie vide contre le sol avec force. C'est là que j'ai hurlé : « Hoooo... doucement ! Tu fais pas comme ça avec ta femme ou quoi ? » Et là les quatre autres compères ont rigolé et m'ont rendu ma charrette sans les roues, avec toutes mes affaires en vrac. Silencieusement, de côté, je refais mon paquetage, ils me regardent comme une bête étrange parce qu'ils réalisent que mon histoire est bien possible. J'accroche enfin ma charrette à mon sac à dos et me voilà sortie de cette douane. Sur le pas de la porte, les douaniers me toisent, le petit bedonnant à moustache me souhaite bon voyage à Calama… Calama ? Mais c'est au sud si je ne me trompe ! Ah, ces Chiliens…

Il est tard, tout s'est plus ou moins bien passé, j'arrive à Ollague, village frontière chilien. Une rue principale entrecroisée de dizaines de rails et une ancienne gare de triage. Les bâtiments autour de la gare sont désuets, inutilisés depuis des années, la terre battue de la rue principale vole et dessine des « willy-willy » dans le ciel. Je ne vois personne, les maisons faites d'adobe n'ont plus de toit, quelques-unes se tiennent encore debout en se serrant fort l'une contre l'autre. Un chien aboie, un drapeau chilien flotte dans l'air, je sais où je suis, ils sont de bon conseil la plupart du temps. Je frappe à la porte du bureau des « carabineros », un jeune gendarme, sans doute en formation, m'ouvre la porte. Je ressors de leur bureau avec une adresse où passer la nuit, même si les deux gendarmes en fonction m'ont aussi offert l'hospitalité. Je l'ai gentiment refusée, embarrassée par la situation. Ils se sont sentis hommes (même si j'ai une tête de plus qu'eux hihi…) et m'ont bien volontiers dirigée dans un endroit propret pour la nuit.

– Il n'y a pas de grand luxe ici ! déclare le chef en fermant la porte.

« Il m'a bien regardée, lui ! » pensai-je tout bas.

Je me dirige quelques mètres plus loin, je frappe, la porte s'ouvre.

– Bien le bonjour, vous avez réservé ?

– Non, mais je pense que vous aurez un lit pour une marcheuse fatiguée !

– Attendez ici, je vais voir.

Et il claque la porte.

La mauvaise pièce de théâtre continue. Il n'y a personne à des kilomètres à la ronde et son dernier client a dû être un pauvre touriste qui n'a pas pu passer la douane du premier coup. D'un air préoccupé il revient à moi.

– Vous avez une chance, vous alors ! J'ai justement ma meilleure chambre qui est libre avec « baños » et « agua caliente ».

– Magnifique je la prends, « cuanto » ?

Ah, le voleur, une fortune pour ici, mais je n'ai plus la force de marchander, j'accepte en lui demandant de confirmer pour l'eau chaude.

– Très chaude l'eau ! Bien sûr madame.

J'y crois à peine, je vais enfin prendre une douche chaude. Il m'aide à entrer dans sa maison, c'est pas mal « basico » mais propre. Je rentre ma charrette jusque dans ma chambre, et dépose mon sac qui, en fin de journée, pèse le double. Sur le pas de la porte, il me regarde sans me poser de questions. Je le remercie et m'empresse de savoir où je peux acheter quelques provisions. « Demain seulement », me rassure-t-il. Ce soir je vais pouvoir manger son menu. J'enlève mes chaussures, je me retrouve à me regarder dans le miroir de la salle de bains. Je ne me reconnais pas, mes joues sont creuses, je porte un bonnet, le soleil m'a marquée de ses caresses. On frappe à ma porte, c'est le propriétaire qui vient m'annoncer qu'il avait oublié mais qu'aujourd'hui il n'y a pas d'eau chaude. J'insiste. Non, pas aujourd'hui… sans m'expliquer pourquoi. Ils sont fatigants, ces Latins ! Pourquoi ne pas annoncer tout de suite qu'il n'y a pas d'eau chaude ? J'ouvre le robinet d'eau chaude, une eau brunâtre s'échappe par à-coups du robinet. Il m'a bien eue : il n'y a jamais eu d'eau chaude ici ! Avec les mois qui s'écouleront, j'apprendrai à penser comme eux, à jouer avec le temps, avec les mots, avec leurs nerfs. Je m'effondre sur mon lit, il n'y a pas pareille torture que de me faire miroiter une eau fumante… J'efface cette image de mon esprit et m'allonge sur un vrai lit, douce sensation, même si ma tente me manque déjà. J'ai un attachement tout particulier pour le petit espace privé qu'elle représente. J'y dors comme un bébé proche de la terre, je dors parfois plus de 13 heures par nuit. Une bonne nuit de sommeil me suffit pour récupérer. Dans ma vie en Suisse, je fais très attention à mes heures de sommeil, c'est un vrai médicament pour moi. Mon corps se régénère et la santé persiste. Sur une vieille commode dans le hall, j'ai repéré des livres. Je n'arrive pas à imaginer la chance que j'ai – ce sont des livres en français –, je m'empresse d'aller chercher les miens que j'ai lus et relus pour les échanger avec ceux-ci.

J'entends un bruit de wagons qu'on déplace, le son des freins qui collent aux sabots, je souris. Ces sons me sont familiers et me transportent au temps où j'étais contrôleuse en gare de Lausanne, il y a bien longtemps maintenant.

Le vent décolle les tôles du hangar d'en face. De l'unique fenêtre de ma chambre, je laisse mon regard balayer la rue, j'ai l'impression que les quelques âmes qui animent le village sont bien cachées. Soudain, une petite Indienne d'un certain âge sort d'une « casita », elle porte deux longues tresses noires qui rebondissent sur ses jupes superposées. Les extrémités de ces nattes sont reliées entre elles par de jolis assemblages de laine noire, ressemblant à des clochettes. Deux chiens à poil court la suivent, inopinément tout ce petit monde s'engouffre à nouveau par une autre porte. Le vent souffle par rafales, les maisons en briques d'adobe sont collées les unes aux autres, formant une rue longiligne. Les portes faites de bois ont été peintes en bleu, rose, vert émeraude et aujourd'hui sont délavées par le soleil et branlantes. En regardant ce vide, j'imagine la vie trépidante d'alors dans cette rue de passage, des sons, des caquetages de femmes, des rires, des lamas de mauvaise humeur, des ânes inquiets, des chiens, le tout dans un mouvement de poussière dû aux pas rythmés des gens d'ici.

Tout ce petit monde entre dans ma boîte à pensées et laisse, en toile de fond, ce volcan aux allures fières qui ne cesse de faire parler de lui. Ces jours, il est toussotant, classé par les spécialistes passif-actif. Aujourd'hui les rails ne racontent plus rien, la ferraille entreposée a changé de couleur, l'église a, elle aussi, rentré ses épaules et tente de rester debout. Je ferme ma fenêtre et me plonge dans un roman historique sur la prise de Cuba par Fidel Castro. Je suis une femme heureuse avec un livre, je lirai jusqu'à ce que la génératrice s'éteigne.

Ce délicieux goût de chocolat

Le bonheur est un mot «marketing», le bonheur se vend, s'achète. Les gens se sont rattachés au matériel lorsque nos vies spirituelles se sont appauvries, pour finalement s'estomper imperceptiblement et laisser place à cette belle image que les publicités, que la société nous renvoient.

Le bonheur est un long chemin, on arrive à l'identifier lorsqu'il rayonne autour de nous, et lorsqu'au passage il rencontre un autre rayonnement d'un autre être ; alors par résonance, il nous revient. Cette sensation chaude, douce comme une caresse, cette énergie qui transforme la perception, cette énergie d'une force inimaginable qui ne laisse aucune place au doute… Les forces se décuplent, se précisent, la beauté se voit, elle rayonne. Cet état est miraculeux et souvent éphémère. Alors on retombe dans un état d'attente, de dépendance, on le recherche, on le traque, on croit le voir, le reconnaître, on se trompe. Le danger est là… Est-ce qu'on peut être heureux tout le temps ?

Est-ce qu'on peut porter les lunettes du bonheur constamment ? Je pense que la vie est un grand mystère, notre corps est une machine inexplicablement parfaite. La mère qui met au monde un petit être, on dit d'elle qu'elle donne la vie. Oui, elle la donne, acte de dévouement, de respect, de souffrance au nom de la Vie.

Alors que faire avec cette Vie ?

Je m'évertue à essayer de la comprendre, d'en trouver la source. Plus je chemine, plus je découvre que je suis seule sur mon chemin au milieu de milliards d'individus. Je suis unique, comme vous ; chacun de nous est un modèle unique avec des perceptions uniques. Cette immensité décuplée me provoque toujours des vertiges, mon esprit essaye d'imaginer. La nature pour ma part m'a forgée, m'a beaucoup demandé, elle est exigeante, elle demande d'être à la hauteur. Ici pas de seconde chance, pas de place pour les menteurs, les fourbes, les malins. Je crois qu'à l'aube de ma démarche, cela me rassurait, j'étais le seul être sur qui je pouvais compter, puis j'ai découvert l'énergie inépuisable. Cette énergie d'amour que la nature offre. J'ai dû sortir du brouillard, nager à contre-courant, marcher jusqu'à l'épuisement, me laver, me purifier pour que mon être redécouvre sa condition, sa matrice... Des années de cheminements, de marches, de découvertes. Ce chemin est celui d'une solitaire qui, au contact de son intérieur, a toujours essayé de comprendre. La nature est ma maison, mon guide; les humains restent un chemin différent que je devrais peut-être explorer un jour. Leurs choix me font mal, leur compréhension du bonheur est différente. Je sais que la vie me fait voir chaque jour une vision différente de la veille. Je me réveille chaque matin en remerciant ce jour qu'il m'est donné de vivre. La vie, «cet enfer à la robe chocolatée», me fascine; elle a le don, par sa douceur, de me combler, et par sa complexité, de me brûler en même temps. Nous sommes tous des aventuriers de la vie... Oui j'aime le chocolat, oui j'aime la vie et c'est en son honneur que ces mots se couchent.

L'amour

N'y a-t-il rien de plus étrange que le sentiment amoureux ? Incontrôlable et si virulent, il se propage dans l'organisme aussi vite qu'une maladie. Il semble indifférent aux obstacles qu'il rencontre. Puis, par le plus pur des hasards, il envahit chaque parcelle de votre organisme en quelques instants. Ce sentiment est si subtil, vous ne savez comment il se déclenche ni pourquoi réellement. Par amour, les gens déplacent des montagnes, depuis la nuit des temps. Pourquoi cet amour ne nous « amourise »-t-il pas à jamais ? Il n'y a rien de plus pénible que de constater que l'on vous a collé une date de péremption sur la fesse gauche durant votre sommeil. On vous dit en quelques mots « je t'aime encore mais… ».

Que se passe-t-il dans la tête de nos mâles ? Le siècle ne serait-il pas hostile à ces hommes qui ont à traiter avec des femmes multifonctions ? Ils ne se sentent plus être le symbole viril de la force, et l'harmonie tant espérée devient alors difficile. Les animaux sont-il amoureux ?

Un ami discret…

Viscacha

Nord Chili

Le paysage se transforme, l'eau jusqu'ici discrète réapparaît. Le matin correspond enfin à un renouveau, laissant derrière moi ces heures interminables de froid durant lesquelles je ne peux vraiment fermer l'œil.

La nuit, la température descend à –25 °C. Mon corps se retourne tous les quarts d'heure, tellement le froid est pénétrant. Rythme qui ne me convient pas, déréglant mes heures de sommeil si précieuses. Je ne peux pas dormir, le froid l'emporte, j'ai tout essayé. Je me suis même vêtue avec des créations locales en laine d'alpaca, ce qui m'a un peu réchauffée.

Pour tromper le froid qui court le long de mes os, je m'amuse… Avec des mots, des images, des odeurs ; à l'instant, c'est l'odeur qui s'échappe discrètement de mon sac de couchage et me rappelle le nombre de jours qui me séparent de mon dernier lavage. Je souris, seule dans le noir, je suis en fait heureuse, ces conditions me plaisent, au fond. Je me sens vivre – revivre, enfin… La situation dans laquelle je me trouve, y compris les odeurs, tout me rappelle ma famille aborigène… Mes narines reconnaissent cette aigreur que dégage la transpiration lorsque celle-ci est fermentée au fil des jours, des semaines. Je sens chaque poil de mon corps se dresser lorsqu'une onde de froid me pénètre. Pour me réchauffer les pieds, j'écarte mes orteils par contractures régulières, laissant l'air se faufiler entre les chairs et ma chaussette. Par moments, je ne sens plus ma propre chair, mes orteils. Ils paraissent insignifiants, mais contribuent par leur seule présence à l'équilibre de tout le corps, sans eux le corps basculerait en avant. Donc je m'empresse de les dégager de cette chaussette collante. Je les ramène à moi, tout en les massant vigoureusement comme lors d'un massage cardiaque, m'efforçant de leur redonner vie. Au fond de mon sac de couchage se trouvent mes outres d'eau, la seule assurance que mes réservoirs ne gèleront pas, même si à chaque mouvement, j'entends le bruit de l'eau qui essaie de s'échapper. Proches du corps, disposés sous ma première couche d'habits, se trouvent toutes les batteries nécessaires au bon fonctionnement de mon appareillage électronique tel que caméra, appareil photo, G.P.S. Mon panneau solaire Flexcell se roule en un tube très pratique qui va se lover dans une housse prévue à cet effet. Mon G.P.S. est utilisé de temps en temps pour un petit point journalier, je navigue à la boussole le reste du temps.

Ici, la nature prend toute la place…

Le condor

Je m'assieds dos à ce vent glacial. Je remarque que les nuages vont à une vitesse folle. Devant moi se dresse une masse minérale sculptée par les éléments, sa stature est massive et angulaire. Cette montagne est saupoudrée de neige à son sommet. Je sors mon thermos et me sers un thé en y incorporant un nuage de lait en poudre.

Assise, je me rends compte ô combien je suis isolée, le paysage qui m'encercle me le confirme. J'en suis presque surprise, dans ma tête la vie me guide, je ne suis jamais seule.

Moi qui ai décidé de m'installer dans « le provisoire » par conviction ou par caractère…

Je relève le capuchon de ma doudoune et me recroqueville derrière mon sac à dos ; dans ces plaines ouvertes c'est le seul élément protecteur. Je remue mon thé et c'est à ce moment précis qu'il apparaît. Il virevolte en jouant entre la masse nuageuse et le sommet de la montagne. Le condor peut atteindre une envergure de trois mètres. Soudain il descend, toujours en créant des cercles parfaits très larges, lents. Il se pose à quelques mètres de moi, je ne bouge plus, je suis captivée. La première chose qui me marque, c'est sa collerette blanche. Il reste peu de temps… il décolle déjà avec lourdeur. Je lui dis au revoir et le remercie de la visite, même si j'aurais aimé que cet instant se prolonge.

Merci de ta visite oh! toi le magicien des Andes.

Mon pas s'allonge comme s'il avait souhaité aller plus vite. En évoluant dans ces plaines minérales affectées par ce froid intense, je perds mes repères, mon esprit est brouillé par une pénétration constante de cet intrus. Ce froid invisible me perturbe et me ronge de l'intérieur.

Autour des salars, épineux et succulentes occupent le terrain. La nature me sent lutter, elle décide de m'offrir un spectacle peint par les dieux à chaque fois que le soleil se couche, laissant des traces de pinceaux apparentes dans un ciel enflammé. Dès 4000 mètres d'altitude, je pénètre dans le domaine de la «puna». Ces steppes intemporelles du nord du Chili me laissent me perdre volontairement. Je suis enfin libre de mon tracé, de mes choix, de mon corps, de moi-même. Ces lignes horizontales aux teintes ocre s'effilent à l'infini, l'ichu est là, dans son biotope, herbe au port rigide. L'herbe couleur jaune paille sait tenir tête au vent qui siffle entre ses rigidités. Elle fait partie intégrante de la survie des Indiens Aymara dans ces régions isolées d'altitude. Les troupeaux de camélidés s'en nourrissent inlassablement, mais elle entre aussi dans la fabrication des maisons en briques d'adobe ainsi que de leur toit.

Les jours de grand froid se sont succédé, me laissant évoluer durant deux mois dans ces plaines de sel où la chaîne volcanique m'a accordé un bain par deux fois. Plongée dans son liquide amniotique venu des entrailles de la Terre, je me décompose au fur et à mesure des minutes qui s'écoulent. L'eau chaude et minérale est un baume inespéré pour mon corps meurtri. La tête à la hauteur du sol, le corps sous cette eau câline, je regarde du bas vers le haut, la conscience de l'espace change, j'aimerais ne plus devoir bouger, l'eau qui m'a capturée est à une température de 38 à 44 °C. Ces flaques plus ou moins profondes d'un vert émeraude restent pour moi une récompense sans pareille.

Mes pas vont traverser le petit village aymara de Guallatire, flanqué à la base du volcan actif du même nom. Les Indiens sont isolés du reste du monde, ici, y trouvant l'espace pour survivre.

Le gouvernement chilien exploite l'image culturelle de ce peuple sans vraiment l'épauler dans la survie de tous les jours. Sans s'intéresser à ses rites, ses croyances et ses langues qui se perdent dangereusement. Le chef du village m'invite à passer la nuit dans un bâtiment communautaire. Ma présence est indispensable à sa table, avec les trente autres hommes de la communauté. Durant le repas, je pose beaucoup de questions sur leur culture du temps d'avant. Je m'intéresse à la vision d'avenir que peut avoir ce peuple, à propos de la survie de leurs traditions. Ils me trouvent curieuse, mais surtout ne comprennent pas mon mode de transport.

Ils ont des visages burinés par le soleil, des petits yeux presque bridés. Les femmes timidement me dévisagent, je passe les voir en cuisine pour papoter un peu.

Au petit matin, le soleil tape sur l'unique fenêtre de ma chambre aux dimensions surprenantes. C'est en me couchant sur le lit aux armatures de fer, hier soir, que j'ai compris comment tout était adapté à leur petite taille – pour eux je dois être une girafe.

Ils sont beaux à mes yeux, une douceur se dégage de leurs visages, malgré des conditions de vie très difficiles.

Le froid persiste dans ces régions, la température est descendue bien en dessous de –25 °C durant la nuit. L'unique arrivée d'eau du village est gelée, il faudra attendre que le soleil mène la vie dure à cette masse blanche avant de boire un bon thé.

L'assemblée s'active dans tous les sens ce matin, leurs gestes sont plus rapides, comme pour tromper ce froid qui mord au corps. Tout le monde porte des bonnets et des gants, les femmes se couvrent de carrés de laine d'alpaca minutieusement tissés.

Filet de pêcheur non
signalé à fleur d'eau,
la foudre des pêcheurs
nous tombe dessus...

Pêcheur sur le lac Titicaca

Lac Titicaca – 220 kilomètres en canoë

(3 810 mètres d'altitude,
le plus haut lac navigable du monde)

Un filet d'eau descend rapidement le long de mon avant-bras. À chaque plongée, la pagaie se lave dans un mouvement qui me semble inscrit. L'effort est là, différent de ce que je connais. Mes jambes se sentent inutiles, oubliées, voire délaissées. Je suis telle une femme cul-de-jatte, obligée de me déplacer à la force de mes bras. La vitesse est multipliée par rapport à la marche. Proche du sol, de l'eau en l'occurrence, je ressens là, sous cette masse d'eau, une force latente qui ronronne.

Le lac a la couleur que l'on s'imagine. Le décrire serait lui enlever de son intensité, de sa profondeur. Ce que l'on peut dire, c'est que le lac – « el lago » – a un teint foncé, oui, je pense que si je vous dis lapis profond, je m'en approche, même si, par moments, il revêt une cape noirâtre au reflet bleuté.

La magie de ces profondeurs a fait parler les bouches aux langues faciles, mais aussi les sages anciens aux légendes subtiles. Le lac Titicaca s'étend de la Bolivie au Pérou sur 220 kilomètres. Des îles aux bords francs servent de relais à celui qui a décidé de glisser à sa surface.

Mon rythme est donné dès les premiers coups de rame à raison de sessions de 5 kilomètres, puis je m'arrête pour me reposer à bord du bateau d'assistance, où se trouve mon frère. Je vais alors manger, et réenfiler ma combinaison en Néoprène avant de remonter dans mon canoë gonflable. Du tout bon matériel. Il va assister fidèlement chacun de mes efforts pendant plus de deux semaines.

Le bateau

Lors de la préparation de l'expédition, nous sommes tombés sur une tache identifiée sous le nom de « Lago Titicaca », long de 220 kilomètres sur 60 kilomètres de large. Il s'imposait à nous. À cheval sur la Bolivie et le Pérou. Je me suis sentie attirée par ce plat bleu à si haute altitude.

Mon frère me parlait, mais je ne l'entendais plus… plongée dans la visualisation de ce que pouvait être ce lac mythique.

– Tu veux passer à gauche ou à droite ? répétait-il.

Après un silence prolongé, je relevai enfin mon regard de la carte et avec un sourire naissant je lui répondis :

– Au milieu ! Oui ce sera par le milieu.

Il a compris en une fraction de seconde ce que cela impliquait. Il s'est mis à danser sur la carte posée au sol. « Enfin un peu de fun ! » s'est-il exclamé.

Joël est un passionné des éléments – eau et vent – depuis toujours je crois. Il est donc tout naturellement très excité rien qu'à l'idée de traverser le lac avec un bateau d'assistance.

Depuis ce jour, le lac Titicaca a hanté nos préparatifs. Il était question de trouver un bateau capable de naviguer sur les deux eaux territoriales – Bolivie et Pérou –, il devait par conséquent être assez grand pour me permettre de dormir à son bord. Mais où allions-nous dénicher cette merveille ? Sans parler des permis nécessaires pour passer d'un pays à l'autre. Puis dernier souci, trouver un canoë adapté, pour moi.

Si j'avais pu vous envoyer un message radio, il aurait ressemblé grandement à ceci :

Pas d'essence disponible au départ – Joël part à la chasse à l'essence dans le village, bidons sur le dos – in extremis Sabrina, l'amie de Joël, nous rejoint grâce à une embarcation de pêcheur à notre mouillage de fortune – filet de pêcheur non signalé à fleur d'eau, la foudre des pêcheurs nous tombe dessus – une fringale insoupçonnée, cinq fois par jour je dévore – une embarcation pas faite pour dormir en eau libre sans ponton – trois nuits sans dormir à jeter l'ancre pour stabiliser le bateau – communauté difficile, je n'ai plus l'habitude – toilettes bouchées – premières corvées dès le lever du jour – mal aux bras, j'ai l'impression d'être une armoire à glace – le vent se lève vers les 14 heures, je navigue dès 6 heures du matin jusqu'à ce que le vent se manifeste – impression de liberté lorsque je tire sur ma pagaie pour prendre de la vitesse – mon canoë est génial – coucher de soleil où tout devient rouge – je bois beaucoup – transpire beaucoup – effort différent – je suis fatiguée après une journée, je dors au rythme mouvementé des remous – les foulques, ces petites poules d'eau, s'amusent avec moi, elles plongent sous mon embarcation, elles me font rire – île du Soleil en vue… à bientôt.

De l'île du Soleil, direction est. Sur ma droite, des montagnes blanches avec des sommets à plus de 6 000 mètres d'altitude se dessinent comme les gardiennes éloignées de ce lieu si important. C'est le matin, les vagues sont latérales, l'astre solaire s'amuse à se mirer dans les remous. Ce scintillement m'hypnotise, mon regard est comme accroché, laissant le temps suspendu. Chaque vague est une star en devenir. À son sommet elle revêt son habit de lumière, strass, paillettes argentées, puis d'une révérence élégante, elle laisse place à l'onde suivante. Ainsi toutes ces étoiles argentées forment un ciel étoilé pour ceux qui regarderaient d'en haut.

Grammaticalement, l'eau est un mot féminin, mais à mes yeux cette étendue d'eau profonde et mystérieuse révèle une entité masculine et virile. Ce lac a un œil doux, mais il laisse deviner la colère possible de ses profondeurs. Son eau est douce, limpide, son contact est comme une caresse, la caresse même que ces peuples andins ont su vénérer au fil des époques.

À force de m'imprégner de cet azur, mon imagination navigue. C'est alors le miroir du spectacle que mes yeux perçoivent.

Et là, dans ces eaux abyssales, je découvre ce peuple inca qui a survécu à la domination des guerriers assoiffés d'or. Les Espagnols se croyaient supérieurs du haut de leurs montures, leur peau blanche était une marque indéniable de supériorité.

Mais savaient-ils que du haut de leur préciosité, le ver de terre, lui, les suivait de près avec 99 % de gènes identiques à leur code génétique.

Nostalgique de temps en temps, l'Inca emprunte les yeux d'une mouette et parcourt grâce à elle les terrasses et les sites d'autrefois. Il ne manque pas, dès son retour dans les profondeurs, de conter les odeurs rencontrées aux fils et filles du soleil et de l'eau…[1]

1. Narby Jeremy, *Intelligence dans la nature : en quête du savoir*, Éditions Buchet Chastel, 2005.

Après quinze jours de canoë…

Des contours arrondis s'inscrivent en contre-jour au loin. Ils sont pour moi libérateurs, mes jambes en sont toutes réjouies. Quelques heures plus tard seulement, je m'échoue sur la terre ferme, mon glissage est terminé, mes bras sont durs et gonflés, je laisse derrière moi des couchers de soleil indescriptibles sur cette eau à mille facettes.

Merci à toi de m'avoir laissée te chatouiller de ma pagaie… Je pose le pied dans le petit village de Huancané, sur cette terre péruvienne où j'attends la visite de Javier… Impérative pour ma prochaine étape.

Le premier jour de marche, il a parcouru jusqu'à trois kilomètres. Après cette longue distance, il a décidé de se reposer un peu, m'a regardée avec son œil globuleux puis s'est posé sur ses jambes de devant…

Inti

Inti…

Lors de la conception de mon tracé, j'ai rêvé à haute voix de ses humeurs changeantes, de ses mauvaises manières, de son poil si doux.

Oui vous avez deviné, je veux parler de ce fameux camélidé tant redouté par le capitaine Haddock : le lama.

J'avais émis le désir de mettre au goût du jour ce moyen de transport utilisé par les peuples qui ont vécu ici dans la cordillère des Andes pendant tant de décennies. L'animal est adapté à l'altitude, ses dessous de pieds, plus ou moins mous, épousent sans compromis les dénivelés importants. Il peut ne pas manger pendant des périodes plus ou moins longues. En mauvaise saison, il se contente de cette paille jaune qui résiste au vent et au froid extrême, il s'est adapté aux rudes conditions de l'altiplano[1].

1. Plaine d'altitude.

Durant tout le mois d'octobre 2005, mon frère et moi-même avons parcouru les trois pays concernés par mon tracé, pour mettre la main sur les cartes topographiques nécessaires. L'occasion de faire quelques repérages s'est présentée. Nous avons aussi établi quelques contacts. C'est précisément durant ce séjour que nous avons fait la connaissance de Javier.

Celui-ci et ses frères sont à la tête d'une ferme de lamas à trente kilomètres de Cuzco. Et c'est chez lui, au milieu des lamas, que je lui ai détaillé mon projet de marcher le long de la cordillère.

Pas très grand, la trentaine, des cheveux courts, noirs, brillants, avec un sourire généreux. Il n'a pas réfléchi une minute, mon projet lui parlait, c'était génial !

Il a tout de suite proposé de mettre à disposition un lama qu'il livrerait à Huancané (Pérou, au bout du lac Titicaca) à la date fixée. Une poignée de mains échangée a suffi pour conclure l'accord.

Dix mois plus tard… à Huancané

Mes jambes se retrouvent libres après quinze jours emprisonnées dans un canoë, autant dire quinze jours de cachot, évoluant sur du dur, du solide qui ne tangue pas. Le plancher des vaches quoi ! Elles se sentent à nouveau comme des débutantes, mes gambettes. Les quelques mètres que je leur offre les réjouissent, leur rythme se révèle à nouveau et les voilà opérationnelles plus que jamais. Adieu à cette virginité recouvrée par manque de grâce, volupté du pas perdu au fond d'un sarcophage, mais retrouvée au contact de la Mère, oui !

Elle, la terre nourricière, j'aurais aimé l'enlacer, lui dire ô combien elle m'est chère, ô combien mon cœur bat à son rythme. Mais les retrouvailles attendront un petit endroit désert, seule au coin du feu, un thé brûlant entre mes mains. Oui, je partagerai alors avec elle mon thé en lui offrant les premières gouttes, comme le font encore d'un geste rapide les descendants des Incas… Oui, en ton nom, toi la Pachamama.

Il n'y a pas d'endroit pour amarrer le bateau d'assistance, Joël va devoir une fois de plus être imaginatif, lui qui a passé son permis pour l'occasion et a eu le temps de mettre en pratique la technique du plan B. Mais comme à son habitude il y arrive. Je l'attends sur la berge, au loin un couple nous fait signe.

Une vieille station-service se dessine à quatre cents mètres, cela rassure un peu mon frère qui pense déjà au retour, puisqu'il devra ramener le bateau chez ses propriétaires boliviens et, pour ce faire, de l'essence est indispensable.

Mais pour l'heure, je suis impatiente de voir si Javier est dans le coin… N'oublions pas que nous sommes dans une région du monde où le temps est plus extensible qu'une pâte à pizza, le temps ne veut rien dire. Le temps ne sert pas de mesure, mais ici, il est un support au rythme de la vie qui s'éveille lorsque le soleil fait sortir de la pénombre la terre et qui s'arrête lorsque celui-ci se couche. C'est presque naturellement que je n'attendais pas Javier aujourd'hui.

Le couple de la berge se rapproche, ils nous font des signes. On ne peut partir et laisser le bateau sans surveillance. Sabrina, l'amie de Joël, se propose pour garder nos biens et pendant ce temps on va explorer un peu ce village d'une centaine d'habitants. Le couple est à notre hauteur maintenant, on ne le connaît pas j'en suis sûre, mais leurs traits me sont familiers.

Les livreurs de lamas

Ici, il y a des livreurs d'eau, de gaz, de pain, d'objets plastiques en tout genre mais aujourd'hui je découvre les livreurs de lamas !

Le couple en question n'est autre que les parents de Javier qui se sont proposés pour la livraison des lamas.

Ils sont arrivés hier soir et ont dormi chez l'habitant qui a mis à leur disposition la cour intérieure de sa maison modeste.

Une lourde porte en fer grinçante m'ouvre le passage sur un couloir entre deux maisonnettes. Quelques pas plus loin, le soleil baigne déjà la cour intérieure en terre battue. Je salue les propriétaires très âgés et les remercie d'avoir gentiment mis à disposition leur demeure. Ils me répondent par un hochement de tête, la matrone des lieux est la grand-mère, qui voit d'un mauvais œil tous ces Blancs chez elle. Elle pouffe, nous dévisage, puis pour finir, exaspérée elle quitte les lieux d'un pas rageur. Son dos est usé et par conséquent en bien mauvais état. Elle s'est penchée en avant, le maître du temps à ses côtés. Aujourd'hui elle est presque à l'équerre. Je me rends compte du malaise de ces gens et décide de ne pas trop traîner. Le papa de Javier vient me chercher pour me présenter aux lamas.

C'est seulement à ce moment-là que je réalise qu'il y a deux lamas !

– Joël ! Pourquoi deux lamas ?

– J'en sais rien ! On avait parlé d'un lama.

– C'est meilleur avec deux ! répond dans mon dos le papa de Javier.

Jusque-là, tout s'est bien passé mais c'est compter sans la petite leçon de dressage.

– Regarde comment on lui passe un licol. Pour le tenir tranquille : il faut lui tordre les oreilles, c'est ce qui lui fait le plus mal, ajoute-t-il. Regarde.

Soudain un son strident s'échappe de la bouche du lama.

– Stop ! Arrête… je ne veux pas de ça !

Dubitatif, il me dévisage comme si j'étais devenue folle.

Le lama est blanc au long poil. Dans son regard noir on devine une sensibilité, une intelligence. Il a la tête qui se balance d'avant en arrière, il cherche, essaie de comprendre. Ses belles oreilles fragiles jouent au radar espion en mal d'information. Elles travaillent indépendamment l'une de l'autre et il émet de temps en temps des petits cris touchants. Je pense qu'il est terrorisé ; avec ses grands yeux noirs il m'observe, il est aussi haut que moi, il est magnifique. Je prends la corde qu'il a autour du cou et m'éloigne en sa compagnie pour une petite balade d'essai.

Il ne veut pas de caresses, je décide alors de lui chantonner une petite mélodie. Nous parcourons cinquante mètres sur la route en terre lorsqu'un vélo nous dépasse. À ce moment-là, j'ai cru avoir un lion au bout de ma corde, il est devenu fou, s'est mis à sauter, à vouloir se dégager de sa corde, mais j'ai rapidement resserré mon étreinte. Sa force est impressionnante. Il est complètement affolé. À peine avons-nous repris nos esprits qu'une motocyclette nous dépasse. Je me suis retrouvée dans un ravin à deux mètres en contrebas, il m'a tirée tant bien que mal là où il a décidé. Je décide, moi, de faire demi-tour. Je suis inquiète, ce lama n'a jamais été promené avec une corde et a encore moins été en contact avec des humains et leurs engins à deux roues. J'avais bien précisé à Javier que j'avais besoin d'un lama sociable qui a l'habitude de porter, de voir des gens, etc.

Cela ressemblait jusqu'ici à une transaction made in «Suiza», mais là, ça devient plus couleur locale.

Joël est écroulé de rire quand il me voit arriver. Je décide de promener le deuxième lama pour voir ce qu'il a dans le ventre. Il s'appelle Inti. Comme le soleil, rien que ça!

Je lui raconte à l'oreille ce qui m'est arrivé avec son collègue et lui dis qu'il n'a pas intérêt à me faire le même coup. Il est brun et bien plus… je n'arrive pas à trouver le bon mot… *Il viendra plus tard.*

Ça se passe plus ou moins bien, il a des petites angoisses avec les vélos, l'agitation humaine, les chiens, mais cela reste gérable. Une courte balade s'impose, le temps de faire connaissance puis je retourne vers Joël. Il n'y a plus personne, je continue un petit bout sur la route jusqu'au moment où j'arrive à la hauteur du lac, et là Inti, suicidaire, décide de m'échapper par les eaux. Il s'est mis à nager, nager de toutes ses forces… mais sa couche de laine épaisse, une fois mouillée, l'entraîne dangereusement vers le fond. Qui savait que les lamas nagent? Pas moi en tout cas.

Je suis atterrée par la scène, je me rapproche du bord, attrape la corde qui heureusement est assez longue et tire de toutes mes forces dessus. Sur ces entrefaites Joël arrive, les gens du village aussi, ils sont écroulés de rire de voir ces Blancs baigner un lama ! Je suis terrorisée à l'idée de perdre ce brave lama qui a fait plus de 500 kilomètres en véhicule tout-terrain pour prendre un bain mortel dans le lac Titicaca. On arrive à l'approcher du bord, mais sa laine est tellement imbibée d'eau qu'il est épuisé, il ne peut monter sur la berge. On l'attire un peu plus loin, là où la pente est plus douce pour ressortir et in extremis, il en ressort vivant. À peine hors de l'eau, des cris et des sifflets viennent de l'enclos où est retenu le lama blanc. Il s'est fait la malle, marre de ces histoires, il vient au pas de course rejoindre son copain. Je ne sais pas ce qu'ils se sont raconté mais je crois qu'il s'est fichu de sa tête en le voyant là, si freluquet. On aurait dit une autruche.

Je m'empresse de chercher des linges de bain dans le bateau pour sécher Inti. J'ai peur que cela provoque une pneumonie, l'eau est froide et le soleil se couche à présent. Entre-temps, je choisis mon kamikaze d'Inti pour m'accompagner durant les deux prochains mois. Les parents de Javier décident de retourner immédiatement à Cuzco avec le « blanco ». Il leur reste des kilomètres de route jusqu'à destination. Les adieux sont rapides, au loin on voit le véhicule s'éloigner en créant un nuage de poussière, à l'arrière de la camionnette un chargement hétéroclite est attaché soigneusement… bon voyage blanco !

Inti a survécu à cette nuit froide, on lui avait confectionné un lit de branches d'eucalyptus douillet. Au petit matin, deux sacs bleus lui sont attachés sur le dos et nous voilà partis pour de nouvelles aventures. Salut à tous, prochain rendez-vous dans deux mois dans la Vallée Sacrée.

Seule à nouveau

En fait je ne fais mes adieux que six jours plus tard, tout en remerciant Pirmina et son mari de leur amabilité… Je décide de laisser chez eux ma caméra, mon panneau solaire, une bonne partie de ma nourriture et de mon équipement, dans ces fameux sacs bleus épais que mon lama avait sur le dos. Joël les récupérera.

Me voilà repartie seule pour la dernière étape à travers cette campagne péruvienne. Mon chargement imprévu est de 30 kilos. Juste avant de partir avec Inti, j'avais décidé d'emporter mon sac à dos. Ma réflexion avait été la suivante : « Quoi qu'il arrive, je vais pouvoir réagir vite et bien. »

Mon frère a souri alors de mon esprit d'anticipation.

– Tu es parano ma parole !

Six jours plus tard, il s'est avéré que mon sac à dos a rendu possible cette dernière étape.

Qu'est-il advenu d'Inti ?

Oh toi mon Inti, toi qui regardais chaque brin d'herbe bouger avec amusement, toi qui te fascinais pour les bruits que dégageaient ces petites maisons de terre habitées par des paysans…

Les moutons que tu prenais pour tes amis ne comprenaient pas la présence de ces sacs bleus sur ton dos. Ton pas balancé avait toute sa grâce, tes yeux si innocents m'ont plus d'une fois mise en doute. Tu savais me faire rire, mais aujourd'hui je suis triste et tu n'as même pas voulu me dire au revoir. Je te rends à ta vie, à tes amis, à ta famille et j'espère que la vie ne te fera plus croiser une marcheuse parce que je sais maintenant que tu n'aimes pas la marche. Salut mon poilu…

Je suis partie de Huancané avec l'idée d'essayer de vivre et de me déplacer avec un lama, mais j'ai confié à Joël que j'allais laisser une semaine à notre couple pour trouver un rythme. Nous sommes pourtant partis du bon pied, mon poilu et moi. Après sa baignade improvisée en eau froide, il s'est calmé et est devenu presque docile. Le premier jour de marche, il a parcouru jusqu'à 3 kilomètres. Après cette longue distance, il a décidé de se reposer un peu, m'a regardée avec son œil globuleux puis s'est posé sur ses jambes de devant. Le regard fixant la ligne d'horizon, il a balancé son popotin en arrière et a décidé de faire le sphinx jusqu'au bout de la nuit. J'ai essayé par tous les moyens de le relever, mais rien n'y a fait et telle une suiveuse, j'ai monté mon camp là où monsieur l'avait décidé.

Au petit matin du deuxième jour, il était déjà plus nerveux, la barre des 5 kilomètres a été franchie, lorsque sans prévenir, il s'est couché à nouveau à l'improviste pour ne plus se relever, restant insensible à mes supplications en plusieurs langues. Je m'adaptai encore pour cette nuit.

Vous voulez vraiment savoir le reste de l'histoire ? Eh bien ce fut 4 kilomètres parcourus le jour d'après, puis 3 kilomètres, puis 6 kilomètres, mais ce jour-là je tenais à ne plus me faire avoir par ses humeurs de macho. J'ai décidé de prendre les devants et l'ai entraîné sur des cultures en terrasses que j'avais repérées. Il s'arrêta au troisième étage. C'était déjà ça. J'étais satisfaite mais en sueur car j'avais tiré de toutes mes forces sur sa bride pour le faire grimper. J'ai enlevé la sangle gauche de mon sac puis… comme je m'apprêtais à enlever la deuxième, voilà qu'un événement se produisit.

Inti me dévisagea comme un enfant prêt à faire une bêtise et un quart de seconde plus tard il entreprit de dévaler les terrasses une par une. La première en un saut de moins de deux mètres, la corde entre les mains je tins bon. La deuxième se présenta un peu moins bien, la vitesse ne me rendit pas la tâche facile. Je me suis retrouvée à terre à brouter l'herbe par la racine, la main droite en sang… Oui il m'a échappé et la corde m'a brûlé l'intérieur de la main. Je me relevai tant bien que mal, repris mes esprits, et ce que je vis en premier fut Inti au sprint qui s'éloignait dans le fond de la vallée.

J'ai ragé un bon coup… et suis remontée vers mes affaires. J'ai pris ma gourde d'eau, mon G.P.S., mes lunettes d'approche et me suis éloignée en direction de la vallée. J'ai couru sur ses traces. La vallée était large et ouverte. Je ne le voyais pas. J'étais fâchée avec moi-même et inquiète pour lui. Après avoir parcouru un peu plus d'un kilomètre, j'ai entendu des éclats de voix provenant d'au-dessus de moi. J'ai levé la tête et voilà mon Inti qui est en train de se faire remettre en place par une petite bergère au jupon multiple et à la voix aiguë. Elle ne m'avait pas vue, elle continuait de sermonner en aymara cet animal bien plus grand qu'elle. Elle lui mit des petites tapes sur les oreilles tout en ne cessant de lui parler. Il avait l'air tout rabattu sur lui-même, comme dans une acceptation finale de sa situation. Les remontrances de cette femme d'un certain âge lui sifflèrent dans les oreilles. D'ailleurs il les rabattit. Je me suis empressée de monter sur le versant en enjambant les terrasses qui me séparaient d'eux. En quelques mots la bergère avait compris que c'était mon lama et qu'il s'était échappé. Pour commencer elle m'a grondée. J'ai eu droit moi aussi à quelques remontrances, puis elle m'a traitée amicalement de « gringuita » et elle finit par :

– Pourquoi tu marches ? Et pourquoi avec un lama ? Ils sont malins et s'évadent tout le temps.

Je lui racontai alors mon histoire et l'invitai à mon campement. Une fois sur place elle attacha

Inti avec un doigté qui m'a laissée sans voix. D'une main, elle a saisi une touffe d'herbe jaune, de l'autre elle a enroulé la corde à la base de la plante, puis ayant sécurisé la corde sous son genou elle s'est mise à séparer le tas d'herbe en deux pour y faire traverser la corde d'amarrage d'Inti. Tous ses gestes étaient gracieux et précis, la vitesse de ses mains était constante, ce qui me donnait par la même occasion une idée de l'énergie incroyable de cette femme. Elle me tapota l'épaule comme pour me rassurer et m'informa que le lendemain matin, elle viendrait me rendre visite pour m'éclairer sur le monde du lama. Je la remerciai de tout mon cœur et lui dis «à demain». Le soleil s'effaçait derrière les montagnes d'en face. Pendant ce temps, Inti était couché, il mâchouillait une herbette tout en m'ignorant.

Mon campement était opérationnel, mon réchaud ronronnait, je retrouvais un peu de sérénité dans mes gestes.

Pendant la nuit, je me réveillai plus d'une fois pour vérifier si mon lama n'avait pas pris la poudre d'escampette. Tout était tranquille, je retrouvais le sommeil qui ne me quitterait plus jusqu'au petit matin.

Visite matinale

Je la vois monter les terrasses abruptes, elle avance d'un pas sûr et rapide, son chapeau sur la tête. J'en profite pour déjà chauffer de l'eau pour le thé. Il fait frais, le soleil n'a pas encore pointé son nez.

Assise dans l'herbe je l'attends, ma théière se met à siffloter. Un peu essoufflée, la voilà déjà pleine d'énergie. Elle resplendit malgré son âge.

– Buenos dias Pirmina !

– Buenas Sarrita !

Elle transporte un sac plastique qu'elle manipule précautionneusement. Elle s'assied à mes côtés, on a l'air de deux gamines qui regardent la vallée. Tout doucement elle dégage de son sac plastique un autre petit paquetage qui, lui aussi, est enroulé dans un petit sachet. C'est presque miraculeusement que deux belles galettes fraîchement sorties du feu apparaissent.

J'en reste bouche bée ! À quelle heure s'est-elle levée pour faire du pain ?

Je lui pose la question... Elle éclate de rire puis me met dans la main un œuf dur et pose entre nous deux un tout petit tas de sel grossièrement sablonneux et humide. Pour moi, ce moment représente un grand bonheur, un de ces bonheurs qu'on ne voit pas venir, simple. Oui, un moment volé à tout l'univers, au temps qui passe, à la dureté de la vie d'ici, à la condition de la femme. Assises sur le bord d'une de ces terrasses, les pieds dans le vide, on est silencieuses, on mange religieusement, mes mains sentent le lama, les siennes sont foncées. Mais peu importe, plus rien n'a d'importance. Ces deux femmes sur cette terrasse sont deux êtres que tout oppose, leur chemin de vie, leur appartenance ethnique, mais voilà qu'elles sont réunies. Le soleil, en face, pointe son nez câlinement. Je sers un thé à Pirmina, elle n'en revient pas, elle qui n'a jamais vu de réchaud. Ma théière lui semble bien petite. Elle rigole, ses rides deviennent, comme dans un tableau, l'élément qui donne la vie ; nos sourires nous comblent.

Ce sont des moments comme celui-ci qui me font espérer en cette humanité qui se détruit. C'est la capacité de se reconnaître et de se sentir semblables, peu importe la couleur, la langue, la culture. Une chose est sûre : entre femmes, il y a ce « truc » qui se crée comme un cordon ombilical qui s'installe pour nous brancher sur les choses profondes qui nous habitent. J'ai trouvé cette forme de communication très présente en Amérique du Sud.

La suite de notre rencontre est bien plus agitée, oui je peux dire agitée puisque cela fait deux bonnes heures que l'on essaie tous les stratagèmes imaginables pour qu'Inti accepte les sacoches sur son dos. À force de le voir gigoter dans tous les sens, le village tout entier s'est retrouvé à nos côtés pour comprendre ce qui nous arrive. Le chef de la communauté demande à tout le monde de prendre un bout de mon équipement et de descendre à la rivière pour faire boire Inti. Et c'est comme cela que je vois tout mon équipement dévaler les terrasses, chacun s'étant chargé d'un objet sur le dos. J'en reste bouche bée. Je suis entre la panique et le rire… oh mes affaires…

– Il faut faire boire ce lama, sinon il ne bougera pas, m'explique Pirmina.

Et c'est comme cela que nous nous sommes tous retrouvés à la rivière en contrebas, avec toutes mes affaires en tas, à attendre qu'Inti se décide à boire.

Pirmina me réconforte et m'annonce que cela peut prendre du temps.

Une heure passe, deux, trois, puis le chef du village se lève et s'exprime en aymara. Je cherche du regard Pirmina qui me traduit le tout en espagnol.

– Oui voilà, le chef de la communauté a déclaré que ton lama est dépressif.

– Quoi ? (je me retiens de m'esclaffer.)

Je respire à fond et remercie le chef qui se retire avec toute la communauté.

Affaire réglée pour lui apparemment… Et moi ? Je fais quoi avec un lama dépressif ?

Je prends la décision qui me semble la plus sage sur le moment. Je demande à ma bergère préférée son aide. Elle accepte sans hésitation ma proposition. Inti sera son pensionnaire en attendant que mon frère vienne le récupérer. Pour éviter qu'il ne passe à la casserole, j'ai offert à Pirmina une petite somme rondouillarde pour la pension complète de mon très cher poilu, qui lui sera donnée seulement à l'arrivée de Joël.

Je constate que ces gens de la terre évoluent avec une bonne énergie, leurs yeux sont pétillants et rieurs, ils sont d'une humeur communicative...

Campagne péruvienne

Campagne péruvienne

J'ai à nouveau cette charge sur le dos qui me donne l'impression de m'enfoncer dans la terre, je dois lutter pour garder l'équilibre. Ma charrette était un moyen fabuleux de transporter jusqu'à 45 kilos avec beaucoup de facilité. Actuellement, sans mon lama pour me donner un coup de main, je suis chargée de 30 kilos.

La campagne péruvienne que je rencontre est différente de ce que j'ai pu voir jusqu'à maintenant. Ici, je suis en terre indienne, sur le territoire des Quechuas.

À mes yeux, le changement est essentiel. Son odeur a réveillé des souvenirs enfouis, je veux parler de l'eucalyptus. Cet arbre a été introduit dans ces régions pour sa facilité d'acclimatation, mais surtout pour sa capacité à grandir rapidement. Quelques années suffisent pour qu'il soit prêt à être abattu. Les Péruviens l'utilisent comme bois de chauffe principalement. Ses feuilles, sa couleur, son odeur me ramènent en Australie en un claquement de doigts.

La région que je suis en train de traverser m'a fortement été déconseillée par plusieurs Péruviens de ma connaissance. «La région est tendue, peu de monde s'aventure là-bas», m'ont-ils dit... J'avais alors écouté ces recommandations d'une oreille.

Je suis aujourd'hui dans cette région depuis quelques jours, je passe d'une montagne à l'autre, la nature est plus luxuriante, le bétail est partout disséminé comme au gré du vent. De temps en temps une gamine bergère sort de derrière des hautes herbes pour m'observer. Ce matin j'ai croisé un petit garçon de sept ans qui amenait son bélier à un voisin, il tirait de toutes ses forces sur la corde, sans pour autant convaincre cette belle bête de ne pas manger tout les cinq mètres. Au fil de mes pas, je me rapproche de ces grandes vallées, elles sont naturellement plus peuplées que les montagnes. En plaine, des regards noirs menaçants me sont adressés, on me prête de mauvaises intentions. Une fois de plus ma peau blanche me ramène aux massacres que les Espagnols ont perpétrés dans ces régions: ils n'ont pas oublié... Ou plutôt comment oublier?

C'est inscrit dans leur sang, dans leurs légendes, qu'ils se transmettent de génération en génération.

Ce matin, au village, j'ai demandé un peu d'eau du puits. Un monsieur d'une cinquantaine d'années m'a gentiment aidée à en collecter dans mon bidon. Au moment où j'allais le remercier, il me l'a déversée par terre, devant mes pieds, avec un regard plein de haine et d'arrogance. Je me pose des questions – est-ce que mon comportement ne correspond pas à leur code communautaire ?

Je suis souriante, salue chaque personne rencontrée, sans que personne ne me réponde, jusqu'au jour où je me suis retrouvée en situation difficile dans un village. Depuis ce jour, j'ai décidé de ne plus imposer ma présence à cette population qui vit dans un état de pauvreté extrême, une population peu accueillante à cause de ses conditions de vie. De mon point de vue, cela peut dégénérer très vite. Je décide alors de faire ce que je fais le mieux, en deux mots, je vais me fondre dans le décor, je vais passer inaperçue.

Pendant les deux longs mois qui me seront nécessaires pour traverser cette région, je vais adapter mon quotidien. Je vais déplacer mon itinéraire, pour m'éloigner le plus possible des villages. Je me cache, enlève mes empreintes sur le sol bien avant de poser mon camp. Je marche très tôt le matin, je ne traverse jamais les villages en fin de semaine pour les problèmes liés à l'alcool. Le soir, je n'utilise pas ma lampe de poche, de peur qu'on repère ma tente. Je ne cuisine pas à la tombée de la nuit, on pourrait me situer facilement. Je me camoufle dans les petits recoins de nature inexploités par l'homme. Mais une difficulté vient s'ajouter à cette situation tendue : les chiens. Les propriétaires ne les nourrissent pas, ils sont par la force des choses dans un état inimaginable de maigreur. Alors pour survivre, dès la nuit tombée ils se retrouvent en meutes et fouillent toute la région à la recherche de nourriture.

– Mais c'est normal, c'est comme cela ici ! m'a répondu un sympathique vieux monsieur que j'ai croisé sur une montagne.

Je m'étais permis de lui poser la question au sujet de la condition de vie des chiens.

Mais le plus embêtant pour moi, c'est de rencontrer la même meute de chiens au petit matin, lorsqu'ils rentrent bredouilles de leur tournée nocturne. Je me fais agresser plusieurs fois par jour par des chiens aux crocs acérés. C'est avec des cailloux que je les reçois. Les plus téméraires arrivent à me pincer les mollets, mais mes bâtons m'ont toujours aidée à me sortir de là sans jamais me faire mordre une seule fois. Un grand merci à mes guêtres aussi.

Pendant ce temps, mon frère est allé récupérer Inti puis est venu à ma rencontre pour me ravitailler, mais surtout m'apporter ma charrette, que j'avais troquée contre Inti. Ma précieuse petite charrette ! Par la suite, elle va être la proie innocente de mâchoires affamées. Enfin, vaut mieux elle que moi… J'avais collé une plaque épaisse de caoutchouc à l'arrière pour la protéger lors des passages plus difficiles, et un jour, un de ces pauvres chiens galeux a mordu à pleines dents dedans en pensant avoir décroché un bon bout de viande. Le malheureux est resté accroché sur dix mètres sans pouvoir retirer ses dents de ma charrette au popotin caoutchouté.

J'ai comme l'impression que tout est agressif ici, la nature, les chiens, les gens. Je n'aime pas l'énergie qui règne dans cette région. On me donne de mauvaises informations volontairement, on m'arnaque lorsque je m'achète un peu de pain frais et du thé. J'ai comme la sensation que c'est chacun pour soi et qu'ils ont abandonné cet esprit communautaire qui les a fait traverser les âges. Je pense que c'est ce qui contraste le plus avec la Bolivie, où l'esprit communautaire est indispensable à la survie de tous, autant des enfants que des personnes âgées.

Je m'éloigne encore de la population, je m'isole, me cache et reste sur le qui-vive tout le temps, même la nuit. Je pose des pièges sonores autour de ma tente, me donnant la possibilité de me réveiller si l'on venait à m'agresser pendant mon sommeil. Deux mois entiers pendant lesquels j'ai vécu avec une tension constante. Puis un jour, je me suis retrouvée près d'une rivière du nom de Vilcanota…

La Vallée Sacrée

Au bord de cette large rivière, je pose mon équipement. C'est une étape.

– J'y suis ! hurlé-je, en interprétant une danse inédite à ce jour.

Je m'amuse de ma joie, de mes habits sales, je suis heureuse et à quelques jours de marche du Machu Picchu. Je me situe à l'entrée de la Vallée Sacrée. Cela vaut bien une bonne tasse de thé. Je m'assieds à terre, creuse un peu le sol, comme par magie un petit feu naît de quelques brindilles : des gestes que j'ai répétés si souvent… Des cailloux regardent, tels des spectateurs, la danse hypnotisante du feu, tout en supportant ma théière. À ce moment, je vis un peu mon arrivée seule au bord de l'eau… à quelques jours de la véritable arrivée.

Les jours qui vont suivre seront plus agités, j'ai encore dix ou onze jours de marche devant moi, mes jambes vont naturellement m'amener à destination. Maintenant cette idée fixe devient une réalité qui s'approche dangereusement.

La Vallée Sacrée était une source d'abondance et de richesse, qu'elle n'a cessé d'offrir. La terre noire de cette vallée a laissé au dernier empereur la possibilité de remplir les greniers, nourrir les sujets de sa cour, ses proches, ses nobles et plus encore. Certaines constructions en terrasses laissent apparaître le génie de ce peuple. On peut remonter le temps, se trouver ici avant 1532 et imaginer ce que pouvait être la vie avant l'arrivée des Espagnols.

On devra immanquablement passer chez les tailleurs de pierres, les bâtisseurs. Mais aussi chez les cultivateurs qui étaient alors des magiciens de l'agriculture à étages, jouant avec l'altitude et ses secrets. Le réseau d'irrigation est d'une telle complexité qu'il a retenu toute mon admiration. La vision de ces gigantesques jardins suspendus à la montagne me laisse sans voix. J'imagine les initiateurs des vestiges d'aujourd'hui, ceux qui ont mis sur pied ces bâtiments qui ont résisté au temps et aux tremblements de terre. Oui, je me représente les architectes de l'époque, à l'écoute de la matière, de la pierre – étudiant sa couleur, sa ligne de vie avant de choisir sa fonction et sa position. Ils ne se concentraient pas alors que sur le bâtiment mais étudiaient le terrain, l'environnement, la position de ce bâtiment par rapport aux éléments – au soleil, aux saisons, aux astres –, aux énergies... La nature qui les entourait était la première chose dont ils se préoccupaient, pour finalement passer à la construction de l'édifice en lui-même. Les matières disponibles étaient très peu maniables, la pierre pouvait arriver de différentes carrières plus ou moins éloignées du lieu de construction...

Tout est d'un vert luxuriant ici, je me rappelle alors cette cordillère minérale aux couleurs grise, ocre, jaune épis ; tout a bien changé au fil des milliers de kilomètres parcourus.

Je suis pensive, je sens cette mélancolie monter en moi. Oh ! Je la connais bien. Cette sensation qui s'installe au fur et à mesure que j'approche de la fin de mon aventure. Pendant plus de sept mois et demi j'ai lutté sans me laisser d'option, avec une seule idée en tête qui ne cessait de repasser en boucle : l'arrivée au Machu Picchu.

Aujourd'hui je ne suis plus très loin d'accéder à ce pourquoi j'ai marché pendant tous ces kilomètres. Et pourtant, malgré la fatigue de ces longs mois en altitude et au froid, mon envie d'arriver se retrouve comme freinée par une force invisible. Mon esprit est partagé ; ce qui ne lui plaît pas, c'est la fin proche de ces moments de bonheur simple accumulés à la force de mes pas à travers mon cheminement physique et psychologique. Alors j'y trouve une parade.

Je conclus un marché avec lui, en ralentissant le pas et en lui proposant de profiter au ralenti de chaque moment à venir jusqu'à l'arrivée... Peu importe le temps que cela prendra.

« Chicha, chicha, chicha ! » Ces cris me font sortir de mes pensées, je distingue alors, dans un champ, des gens qui crient et gesticulent dans ma direction. Je me retourne, pour être sûre que ces cris me sont destinés. Ils le sont bel et bien, puisqu'il n'y a personne d'autre aux alentours.

Encore un peu marquée par mes deux mois sur le qui-vive, je m'approche comme un renard, pour voir ce qui se passe. À travers mes lunettes, je les observe : ce sont des gens qui travaillent la terre, au total une vingtaine de personnes. Ce qui me frappe au premier regard ce sont leurs sourires, puis leur façon de se déplacer rapide et agile, comme les pumas. Je me dirige dans leur direction, je ne suis plus qu'à vingt mètres.

– Chicha ? me répète une jeune fille.

Je ne sais pas ce que « chicha » veut dire, mais je suis très curieuse et me laisse volontiers guider.

C'est alors qu'un gamin au pantalon trop court arrive avec un bidon de couleur vert kaki. Il n'arrive pas à le porter, il se met à le tirer péniblement des deux mains. Je constate que ces gens de la terre évoluent avec une bonne énergie, leurs yeux sont pétillants et rieurs, ils sont d'une humeur communicative. Ils rigolent, tournent autour de ma charrette tout en me posant mille questions. Pendant ce temps, le gamin détache rapidement la ficelle usagée qui retient la tasse en fer attachée sur le dessus du bidon. Un adulte l'aide à verser un liquide blanchâtre et opaque. Les vingt paires d'yeux me fixent, et attendent. Le petit garçon s'avance et m'offre religieusement le contenu de la tasse.

Très fière de partager quelque chose avec eux, je les remercie et avale le liquide… À la première gorgée, je ne sais pas trop quoi dire, c'est à la deuxième seulement que le liquide atteint mon estomac en faisant l'effet d'une bombe. C'est franchement dégueu… !

Sous l'œil impatient de l'assemblée, je finis ma tasse. J'ai senti tous les poils de mon corps se dresser comme ceux d'un chat effrayé. La chicha est une boisson traditionnelle de maïs fermenté. Durant trois jours, le maïs macère avec de l'eau dans un bidon en plastique en plein soleil. La chicha sent la fermentation : ce liquide agresse tout corps qui entre à son contact au fil de son cheminement. Il s'agrippe en fond de bouche, et termine dans l'estomac, là où il doit bien faire le ménage.

Lorsque j'ai fini, j'ai enfin compris pourquoi ils me regardaient tous… Il n'y a qu'une tasse ! Pour vingt personnes. Par conséquent, ils attendent tous leur tour avec beaucoup de gaieté.

J'en rigole et après l'épreuve du feu, je reste un peu à discuter assise à terre dans ce champ labouré à l'huile de coude. Je retrouve ici cette énergie dynamique que dégagent les gens qui travaillent la terre. Ils ressemblent à des acupuncteurs indispensables et dévoués. Avec leur bêche ancestrale au long manche et à la tête d'acier, ils câlinent leur terre, la respectent et en connaissent les subtilités au fil du temps et des saisons. J'imagine le bien que la terre ressent lorsque ces cultivateurs lui labourent l'épiderme, favorisant le renouveau et l'abondance. Lorsque vient la pluie, elle rencontre et fertilise ces gouttes de sueur laissées là, invisibles, par ces travailleurs aux rires d'oiseaux.

J'imagine souvent le vaste monde que l'on ne perçoit pas, comme les énergies, les subtiles – ces mondes invisibles qui donnent un sens au visible.

Et si tout portait cette marque de vie – les petites choses insignifiantes comme les grandes œuvres. Je conçois le tout lié comme une toile d'araignée, inséparable et indispensable mais en même temps si fragile... Ce n'est que lorsque l'on est pris dans cette toile infernale que l'on en remarque les côtés cachés. Alors la vie devient plus claire et plus complexe à la fois. On peut ignorer le yang et vouloir le yin, mais l'un ne va pas sans l'autre. L'un est l'ombre de l'autre et inversement. L'ignorer équivaudrait à lancer une balle contre un mur en espérant qu'elle ne rebondira jamais, en espérant que le mur mange votre balle. Je n'ai pas encore rencontré de mur mangeur de balle. Ce qui m'amène à croire en la conscience du geste, de mes paroles, de l'impact de chaque pas sur cette planète... Je pense toujours au retour de la balle. Parce que la balle ne peut que rebondir. Le choix n'existe pas, c'est un impondérable. Cela m'aide beaucoup à comprendre cette complémentarité du yin/yang imposée.

Tout ce qui a une face a un dos.

Je m'éloigne, avec ma charrette qui sautille sur ces monticules de terre retournée. Je regarde en arrière, les Péruviens ont repris leur travail, le vent s'est levé, au loin, de hautes herbes vertes se courbent déjà sous ses chatouillements invisibles.

Et si l'air avait une couleur ?

Et si le vent avait des mains ?

L'air et le vent associés dans un même et unique destin, mais pourtant si différents.

Mon rythme me laisse le temps de penser. Je songe à ces Péruviens que je viens de rencontrer, je souris intérieurement de cette joie qui m'enrobe le cœur de réconfort. Oui je pense qu'inconsciemment je m'étais imaginé les habitants de cette terre identiques à ceux que je venais de quitter. Je parcours à peine deux kilomètres, et j'entends au loin « chicha, chicha, chicha ». J'aperçois un groupe de personnes qui me font signe de m'approcher…

Je décide d'aller à leur rencontre, mais avec une petite idée derrière la tête pour m'éviter de boire ce jus de lune.

Ils ont la même façon d'être que leurs voisins, on rigole, plaisante et au moment de boire le contenu de la tasse servie par une dame d'un certain âge, je prétexte un estomac fragile.

– J'ai bu de l'eau de la rivière, leur dis-je, tout en les remerciant de leur accueil et de leur générosité.

Elle en reste perplexe !

– Vous savez quoi ? me dit-elle. La chicha, c'est bon pour le ventre (sans relâcher son ton imposant).

Eh oui, c'est comme cela que j'ai dû boire ma deuxième tasse de chicha. Prise à mon propre piège.

La Vallée Sacrée se déroule sous mes pas, je déguste ces quelques jours qui me restent. La nature change, elle devient source de vie. Luxuriante, elle abrite des merveilles comme des orchidées, des perroquets, et toutes formes de plantes rampantes. La vallée se resserre, c'est l'heure de quitter la rivière Urambamba et de monter sur le dos de ces montagnes recouvertes de jungle d'altitude.

Ce chemin mystérieux, secret,
réservé aux élus…

Arrivée au Machu Picchu

Arrivée au Machu Picchu

Sous mes pieds, des dalles de pierre sont positionnées, ajustées pour former ces centaines de marches disponibles à celui qui, délibérément, s'engage sur ce chemin des Incas. Je lève mes jambes, inlassablement, pour balancer mon poids sur la marche suivante. Je parcours ces marches, sans jamais regarder ma carte ; elles m'emmènent, je le sais, à destination. Le sentier d'accès au Machu Picchu, ce chemin mystérieux qui, au temps de l'Inca, était tenu secret, réservé aux élus.

L'accès y est possible via plusieurs voies, aujourd'hui j'utilise un sentier inca alternatif, peu fréquenté. Sur le sentier principal, cinq cents touristes par jour se suivent l'un derrière l'autre, je ne me vois pas parmi cette foule… Joël est donc parti à la recherche d'une autorisation spéciale pour utiliser ce sentier alternatif.

Joël chez les autorités

Voilà des mois que le dossier de l'expédition se trouve sur le bureau du directeur de «l'Instituto nationale de cultura» pour une autorisation de passage sur le sentier alternatif d'accès au Machu Picchu.

Trois semaines avant mon arrivée probable, mon frère s'est rendu à Cuzco (Pérou), siège administratif de gestion pour toutes les questions relatives au Sanctuaire du Machu Picchu.

Durant ces semaines, Joël est retourné jour après jour dans la salle d'attente du directeur de l'office responsable en espérant obtenir une autorisation. Il a commencé par faire un dossier de présentation réglementaire. On lui a fait remarquer que la couverture du dossier devait être marquée par une touche d'uniformité. Joël doit donc se procurer une couverture de dossier à l'effigie de «l'Instituto nationale de cultura». Une couverture qui est accessible uniquement dans le bureau du troisième étage. La couverture officielle est payante, mais peu importe puisque tout est en règle maintenant.

Très fier, mon frère présente son dossier complet à la secrétaire du précieux directeur. Celle-ci accepte le dossier en question, mais il lui faut impérativement la quittance qui confirme l'achat dudit dossier. Joël retourne dans l'unique bureau qui vend cet «unique dossier», pour quémander la quittance indispensable, puis il s'en retourne à la case départ. Ce va-et-vient ressemble étonnamment au jeu de l'oie. La salle d'attente du directeur lui est connue dans ses moindres recoins : voilà plus de deux semaines qu'il y passe ses matinées. La secrétaire a son bureau à côté, et fait ainsi office de Cerbère. Elle possède une corpulence frêle et sévère à la fois. Cette rigidité transpire de tout son être, même sa voix subit ses exigences.

Durant ses heures d'attente, Joël s'amuse intérieurement à lui donner des noms d'oiseaux, d'animaux et ceci durant les trois semaines où il se trouve dans l'obligation de la côtoyer.

Un jour, la secrétaire promet à Joël l'autorisation tant attendue pour le lendemain matin.

Au matin du jour suivant, Joël passe le pas de la porte de « l'Instituto nationale de cultura » à son heure habituelle. Lorsqu'il demande des nouvelles de son dossier, c'est par des réprimandes que la fameuse secrétaire « musaraigne » le reçoit :

– Vous pensez quoi ? Que monsieur le directeur n'a que cela à faire !

Joël, qui est de nature calme et patiente, ne répondit pas à ces éclats de voix. Il contourna d'un pas décidé le bureau de la musaraigne par la droite puis alla de son propre chef frapper à la porte du directeur, par chance elle était restée entrouverte. Sur invitation d'un « entrez », il s'engouffra dans la pièce, bien avant que l'austère gardienne des lieux ait le temps de réagir.

Mon frère prit la parole et expliqua la raison de sa présence, il fut bref dans ses explications et précis. Le directeur l'écouta sans faire un seul geste, comme si toute cette scène lui était déjà connue. Puis d'un ton poli mais ferme, il lui expliqua que les démarches pour une telle demande prendraient très certainement des semaines. Joël détailla les démarches déjà entreprises durant les semaines précédentes. Mais le personnage qui se tenait derrière le bureau n'en eut que faire. C'est à ce moment-là que mon frère décida de changer de tactique.

C'est sur un ton de reproche qu'il menaça le directeur de représailles, en sous-entendant que le problème allait devenir une affaire internationale. Et il termina par :

– Je ne quitte pas ce bureau sans l'autorisation nécessaire, est-ce que c'est clair ?

À bout d'arguments, Joël crut un instant avoir fait une grande erreur en le menaçant ainsi. Mais après un long silence, il entendit sortir ces mots de la bouche du directeur :

– O.K., voici les papiers nécessaires à remplir avec mon sceau d'approbation en fond de page et n'oubliez pas d'en remettre un double à ma secrétaire en sortant. Bon séjour au Pérou, « monsieur Marquis »…

Et c'est ainsi que chaleureusement le directeur raccompagna Joël à la porte de son bureau. Un peu décontenancé par les événements, mon frère resta sans voix.

Il sortit de ces bureaux, libéré de sa tâche, en sifflotant un air inconnu… « Je ne comprendrai donc jamais rien aux Péruviens», pensait-il au fond de lui tout en tenant précautionneusement l'autorisation sous son bras.

Sentier d'accès au Machu Picchu

La brise matinale crée un mouvement dans la canopée, mes yeux sont accrochés dans les hauteurs, laissant momentanément mes jambes sans guide. Je trébuche à intervalles réguliers. Je progresse dans une végétation inattendue, parsemée d'orchidées hautes de deux mètres et de broméIias. Cette jungle d'altitude me surprend, elle est luxuriante dans sa densité, et généreuse dans ses verts, attirant le regard sur ses feuilles grasses et luisantes. Le haut et le bas sont reliés comme par magie par des lianes qui semblent naître des brumes errantes. Elles font office de gardiennes, en essayant de décourager le marcheur débutant.

L'air est chargé d'humus, les sons stridents des perroquets qui se chamaillent me transportent l'espace de quelques secondes en Australie.

Je marche sur un sentier à peine perceptible qui semble se faire voler sa place par la végétation abondante. Il me guide tant bien que mal à l'aide de ses escaliers escarpés jusque là où s'achèvera mon périple... Au Machu Picchu.

Je me pose inlassablement les mêmes questions au sujet de ces peuples andins... En marchant sur la terre de leurs enfants, je croyais pouvoir effleurer un peu la vie de ces peuplades qui ont séjourné ici avant 1532. Je pense que mes pieds ont bien des choses à dire, mais qu'ils gardent le secret encore un peu. Le moment viendra où ils me raconteront – comme un film que l'on rembobine – ce qu'ils ont perçu sur ce sol imbibé d'Histoire et de magie. Ce n'est pas encore pour maintenant. Un jour peut-être, lorsque mes pieds ne pourront plus manger du kilomètre, alors seulement le temps sera venu de trouver les bons mots.

Tel un fil rouge invisible, le chemin des Incas m'a initiée à l'humeur versatile des hauteurs de la cordillère, puis, comme un passage obligé, m'a fait goûter aux nuits étoilées du désert d'Atacama. Pour, ensuite, me préparer au froid de l'altiplano bolivien. Le Pérou ne s'est pas tout de suite ouvert à moi, la marche n'a pas suffi pour aller à la rencontre de l'autre. C'est le fleuve Vilcanota qui parcourt la Vallée Sacrée qui a lavé mes blessures et m'a fait rencontrer des Péruviens aux yeux pétillants, aux sourires généreux. Ces rencontres magnifiques sont apparues comme pour me rapprocher intérieurement de mon arrivée imminente.

Elles sont polies, usées, fatiguées... Ces pierres ont dans leur mémoire la représentation vivante des temps oubliés.

La nuit est là, nourricière, ici l'activité nocturne laisse place aux instincts, la lune rassurante s'invite à la magie de cette dernière nuit pour se montrer quelques instants ronde d'espoir. Par sa présence, elle enlève, au fond de mon cœur, les doutes et les appréhensions de mon retour parmi les miens. Silencieuse, je progresse avec une sérénité intérieure, quelques heures seulement me séparent de l'arrivée. Aujourd'hui s'achève mon périple de 8 mois pour environ 7 000 kilomètres parcourus.

Mes derniers pas…

L'aube est morte, la lumière est encore douce, quelques nuages se reposent sur les vieilles pierres de ce sanctuaire. Ce lieu m'est apparu après une ascension de marches interminable. Cette cité épouse la montagne avec soin et précision. De loin les reins de cette « vieille cime » semblent avoir été choisis pour des raisons invisibles. Au premier regard cela paraît irréel, puis la vision de ces courbes habitées de ruines résonne en moi comme un terminus…

Je m'approche et ne peux retenir mes larmes…

Je suis au Machu Picchu.

But ou accomplissement

J'aimerais plutôt parler de cheminement, d'adaptation.

La fin est ambivalente, mélancolique, je ne peux encore oublier ce que j'ai vécu pendant huit mois, et en même temps ma vie bascule dans une autre histoire qui va s'écrire. Je vais retrouver la vie qui m'attend… une vie presque normale. Tout en délaissant un peu ma démarche intérieure, intime, si proche de mes instincts. L'animal qui est en moi est resté là, dans la jungle, je l'ai regardé s'éloigner tristement… Je lui ai dit à bientôt.

Le bipède que je suis va réapprendre à vivre parmi les siens, cela va prendre un peu de temps… Mais au fond de mon cœur ces huit mois de vérité sont inscrits à jamais.

À L'INTENTION DU LECTEUR
QUELQUES PRÉCISIONS SUR LES INCAS

Au centre de l'Empire inca se trouvait la capitale, Cuzco. Elle était la demeure de la lignée royale.

Au sommet de la hiérarchie inca se trouvait le roi nommé Sapa Inca. Il était la manifestation terrestre du soleil – Inti…

Les informations que j'ai pu récolter tout au long de mes recherches historiques sont, à peu de chose près, identiques d'un ouvrage à l'autre.

Ces derniers temps, des résultats d'études accessibles au public ont démontré une contradiction avec les informations jusqu'ici avancées. (voir Charles C. Mann, *1491*, Albin Michel).

C'est pour cela que je me permets de prendre un peu de recul au sujet des dates, récits, etc. Ce peuple reste une énigme même s'il semble dévoiler des bribes de son histoire.

«La fin de l'Empire inca correspond-elle à une prise de pouvoir par la force des troupes espagnoles ?»

Ou, autre possibilité :

«La maladie véhiculée par les premiers arrivants d'Europe a-t-elle suffi à affaiblir ce peuple ?

Pour atteindre un point de non-retour.

Si bien que, lorsque Pizarro a débarqué avec si peu d'hommes survivants de ce long voyage en mer, cela lui a suffi pour s'imposer et inscrire la fin de l'Empire inca.»

Je reste à l'affût de nouvelles informations…

Vous trouverez ici quelques ouvrages en référence qui vont aiguiser votre curiosité, j'en suis sûre…

Glossaire

Agua caliente: eau chaude

Ayllu: communauté de plusieurs familles d'origine (plus ou moins) semblable, qui travaillaient ensemble les terres de l'État et celles qu'ont leur avait allouées pour assurer leur subsistance.

Almacen: petite épicerie

Alpaca: alpaga. *C'est un mammifère domestique ruminant proche des lamas. Sa laine est douce et recherchée.*

Altiplano: plaine d'altitude

Aymara: cette nation trouve ses racines dans la culture de Tiwanaku. Ce peuple se rencontre du nord du Chili jusqu'aux hauts plateaux boliviens via les bords du lac Titicaca (Pérou).

Baños: toilettes

Bienvenida: bienvenue

Buenos días: bonjour

Chicha: boisson préparée à base de maïs. La chicha peut être très suave (peu d'alcool) ou très forte. *Certaines tribus indiennes préparent le maïs par mastication.*

El lago : le lac

Gaucho : peuple gardien de troupeaux sud-américain

Ichù : nom attribué à toute herbacée rigide. *Stipa, poa et festuca en sont les principales.*

Instituto nationale de cultura : Institut national culturel

Inti : dieu Soleil dans la mythologie inca

Pick-up : véhicule utilitaire avec un pont arrière ouvert

Quechua : les Quechuas sont les dépositaires de la civilisation inca.

Vicuña : vigogne de la famille des camélidés. *L'humain, avec l'aide du chien, l'a énormément chassée depuis l'arrivée des Espagnols en 1532. Il y avait une estimation de vigognes pendant la période inca de 1,5 million d'individus. Leur nombre a chuté de façon dramatique jusqu'en 1965 où il n'en restait presque plus. Une loi sévère interdisant la chasse a été officiellement instaurée.*

Viscacha : rongeur de la famille des *Chinchillidae*

Willy-willy : petite tornade

Remerciements

J'aimerais remercier toutes les personnes qui suivent mes pas fidèlement depuis des années. Je vous ai croisés nombreux, dans le cadre de mes conférences. Aujourd'hui je vous retrouve à me lire. Un grand merci à vous, je suis très touchée de la confiance que vous me témoignez.

La réussite d'une telle entreprise passe par un financement, c'est donc naturellement que je remercie mon sponsor « Gaz naturel » qui reconnaît dans ma démarche « une énergie durable ».

C'est avec une démarche commune, liée à la nature, que les partenaires suivants ont collaboré au bon déroulement de mon expédition : Mammut, Raichle, Germanier.

Le matériel nécessaire pour une telle entreprise exige de l'efficacité, de la résistance à toute épreuve sur le terrain avec des températures négatives et, pour finir, de la légèreté dans ce qu'on emporte. Merci de votre confiance à vous tous qui me suivez depuis des années.

Icebreaker – nature clothing
Macpac – New Zealand
Garmin – G.P.S., Global Position System
Flexcell – smart power, brilliant solutions
MTL Chaussures – le pied apprivoisé
Julbo Eyewear
Black Diamond Equipment
Energizer
Falke – Ergonomic Sport System
MSR – Mountain Safety Research
Leki
Michel Seppey cycles et motos – Uvrier
Arion Group – Swash

Un grand merci à Guy Udriot, qui a participé activement au bon déroulement de l'expédition, ainsi qu'à son ami de longue date Georges Cantono.

Certaines images présentes dans cette chronique de voyage ont été réalisées par mon frère – Joël Marquis – durant l'expédition.

Mes remerciements aux médias, radios et presse écrite, qui ont eu l'amabilité de relater mes aventures durant cette expédition.

Un grand merci à toute l'équipe de chez Michel Lafon qui a veillé à la bonne marche du livre, plus particulièrement à Elsa Lafon qui a su croire en mes aventures et a respecté mes écrits.

Remerciements

Je suis consciente que le bon déroulement de cette expédition est aussi dû aux personnes qui m'ont conseillée et aidée, en Suisse et en Amérique du Sud.

Je pense à *Awana Kancha Farm* qui a mis à ma disposition Inti, mon lama, *Pérou.* À Shaira Sepulveda, *Chili.* À Nathalie, *Pérou.*

À ma famille qui m'a supportée dans le stress du départ et de l'arrivée.

Et pour finir un grand merci à la petite souris des Andes – mon frère Joël qui a minutieusement mené à bien la logistique complexe de cette expédition. Sans oublier son amie Sabrina qui a mis son temps et ses talents au service de cette aventure.

Et à vous dont j'ignore le nom mais que je n'oublie pas…

Vous qui un jour avez croisé ma route, m'avez renseignée, aidée ou guidée dans ma démarche de vie…

Bibliographie

BAUDIN Louis, *La Vie quotidienne au temps des derniers Incas*, Éditions Hachette, 1957.

CAVATRUNCI Claudio, *Pérou des Incas*, Éditions Larousse, 2005.

CHE GUEVARA Ernesto, *Voyage à motocyclette : Latinoamericana*, Éditions Mille et Une Nuits, 1997.

DOUCEY Bruno, *Le Livre des déserts – Itinéraires scientifiques littéraires*, Éditions Robert Laffont, 2006.

MANN Charles C., *1491 : Nouvelles Révélations sur les Amériques avant Christophe Colomb*, Éditions Albin Michel, 2007.

MARTHALER Claude, *Le Chant des roues : le tour du monde à vélo en 7 ans*, Éditions Olizane, 2002.

NARBY Jeremy, *Intelligence dans la nature : en quête du savoir*, Éditions Buchet Chastel, 2005.

Ouvrage collectif, *Poésie quechua en Bolivie*, Éditions Patino, 1991.

STONE-MILLER Rebecca, *L'Art des Andes*, « L'Univers de l'art », Éditions Thames & Hudson, 1996.

URTON Gary, *Mythes incas*, Éditions Seuil, 2004.

VEGA (de la) Garcilaso, *Commentaires royaux sur le Pérou des Incas* (tomes 1, 2 et 3), Éditions La découverte, 2000.

VÉRICOURT (de) Virginie, *Rituels et croyances chamaniques dans les Andes boliviennes : les semences de la foudre*, Éditions L'Harmattan, 2000.

Table des matières

DE LA SIBÉRIE À L'AUSTRALIE
une incroyable épopée
où chaque pas compte !

Conformément au souhait de Sarah Marquis et des éditions Michel Lafon, le papier de cet ouvrage est composé de fibres naturelles, renouvelables, recyclables et fabriquées à partir du bois provenant de forêts plantées et cultivées expressément pour la fabrication de pâtes à papier.

Composition PCA
44400 – Rezé

Suivez les nombreuses expéditions de Sarah Marquis sur www.sarahmarquis.ch e-mail : sarah.marquis@sarahmarquis.ch

Impression réalisée par
Corlet Imprimeur
14110 Condé-sur-Noireau
Pour le compte des Éditions Michel Lafon

IMPRIM'VERT® PEFC™ 10-31-1510

Imprimé en France
Dépôt légal : octobre 2015
N° d'impression : 176923
ISBN : 978-2-7499-2552-3
LAF : 2016